Q&Aでわかる業種別法務

証券・資産運用

日本組織内弁護士協会〔監修〕
榊 哲道〔編〕

中央経済社

＊本書中の意見にわたる部分は，各執筆者の個人的な見解であり，
各執筆者が所属する組織の見解ではありません。

シリーズ刊行にあたって

本書を手に取る人の多くは，これから法務を志す人，すでに法務に従事している人，異なる業界へ転職を考えている人，他職種から法務に転身してみようという人などでしょう。そういった方々の期待に応えようとしたのが本書です。

これまで本書のような，シリーズとして幅広い業種をカバーした業種別法務の解説書は存在しませんでした。しかし，経験のない法務や業種に飛び込む前に，その業界の法務のイメージを摑み，予習をしておくことができれば不安を除くことができます。また，一旦業務を開始した後でも，業界の指針となるような参考書がそばにあると安心ではないか，と考えました。

社会の複雑高度化，多様化，国際化等によって企業法務に対する経済界からの強いニーズが高まるとともに，先行して進められてきた政治改革，行政改革，地方分権推進と関連して官公庁や地方自治体からのニーズも高まり，弁護士の公務員への就任禁止の撤廃や営業許可制度の廃止等による参入規制の緩和，司法試験合格者の増加，法科大学院設立等の法曹養成制度をはじめとする司法制度の抜本的改革が行われました。その結果，企業内弁護士の届出制の導入と弁護士の公務員就任禁止の完全撤廃がなされた2004年当時，組織内弁護士数は約100名だったのが，現在では20倍以上の約2,300人に到達しました。さらに，企業のみならず官公庁，地方自治体，大学，各種の団体など弁護士の職域も拡大し，法化社会への道がますます拓けてきました。

このような環境変化により，業種別法務も専門化・複雑化しつつあります。以前は，どこの業種に属していても，法務はほとんど変わらない，という声もありました。しかし，これだけ外部環境が変化すると，各業種の企業法務も複雑化し，どこの業種の法務も同じ，という状況ではなくなりつつあります。また，同様に官公庁，地方自治体，NPO法人等の業務も複雑高度化等の影響を受けており，たとえば，自治体内弁護士といってもその職務の内容は千差万別です。

そんな環境下で，満を持して日本組織内弁護士協会の組織内弁護士たちが業種別法務の解説書シリーズを順に出版していくことになりました。現在および将来の法務の羅針盤として，シリーズでご活用いただければ幸いです。

2019年７月

日本組織内弁護士協会　理事長
榊原　美紀

はしがき

本書は，経験豊富な企業内弁護士による，証券・資産運用業界の法務担当者のための，法務担当者が日々の業務において直面することのある課題等の実務的な解決方法・取扱いについて踏み込んで解説した画期的な書籍です。各執筆者は，企業内弁護士としてだけではなく，法律事務所でも執務していた者が多く，本書はそれぞれの執筆者の知見を結集した実務的な内容となっています。

これまで，他の業界同様証券・資産運用業界においても，各社の法務担当者がその知識経験を各社において積み上げてきていましたが，必ずしも業界横断的な法律実務の分析・知識経験の共有はなされてこなかったように思います。本書は，業界内で属人的または属社的に積み重ねられ，各法務担当者が当該所属先において共有してきた知識経験を可能な限り一般化して，初めて法務部門に配属された方々をメインの読者層に据えつつ，業界内の法律実務の到達点を示すことを試みた新しい実務書となっているのではないかと思います。

このような挑戦的な新たな試みが成功したかどうかは読者の皆さんの評価に委ねるほかありませんが，本書を嚆矢として企業内弁護士および企業の法務担当者による実務的な文献が多数出版され，個々の法務担当者に蓄積された知識経験が業界内で広く共有され，証券・資産運用業界の法務担当者の底上げがなされることを期待しています。

また，前述のとおり，本書は初めて証券会社・アセットマネジメント会社の法務部に配属された方々等を主な読者層として想定していますが，それに限らず，すでに実務で活躍する法務担当者においても，業界内の法律実務の到達点を確認する意味で，気軽に手に取っていただき，その業務における羅針盤のような役割を果たしてくれることも期待しています。

各執筆者においては，その知識経験を後進の証券・資産運用業界の法務担当者に共有するため，日常業務の傍らでそれぞれの得意分野で本書の執筆を担当していただきました。業界内の多才な企業内弁護士により執筆された各原稿の編集作業は，それ自体刺激的な体験であり，一人目の読者として本書の編集に携わることができたことは非常に有意義な体験でした。各執筆者の方々には，この場を借りて御礼申し上げます。

そして最後に，執筆がなかなか進まなかった各執筆者の原稿およびその編集作業を粘り強く待っていただいた中央経済社の川副美郷氏なくして本書が日の目を見ることはありませんでした。ここに記して深謝致します。

2019年12月

執筆者を代表して

榊　　哲道

目　次

COLUMN

凡　例

■法令等

金商法	金融商品取引法
金商法施行令	金融商品取引法施行令
業府令	金融商品取引業等に関する内閣府令
金商業者監督指針	金融商品取引業者等向けの総合的な監督指針
金販法	金融商品の販売等に関する法律
資産流動化法	資産の流動化に関する法律
投信法	投資信託及び投資法人に関する法律
投信法施行規則	投資信託及び投資法人に関する法律施行規則
犯収法	犯罪による収益の移転防止に関する法律
犯収法施行令	犯罪による収益の移転防止に関する法律施行令

■パブリックコメントへの金融庁の考え方

金融庁平成19年パブコメ回答No.●　「「金融商品取引法制に関する政令案・内閣府令案等」に対するパブリックコメントの結果等について」（平成19年７月31日公表）における「コメントの概要及びコメントに対する金融庁の考え方」

■文献

〔判例集・雑誌〕

民録	大審院民事判決録
民集	大審院，最高裁判所民事判例集
集民	最高裁判所裁判集民事
判時	判例時報
判タ	判例タイムズ
金判	金融・商事判例
金法	金融法務事情

序章 ▶▶

証券業・資産運用業の特色

1 業界概要

1. 証 券

証券会社は，５大証券会社をはじめとする日系の証券会社と欧米系を中心とする外資系証券会社（外資系投資銀行）とが日本市場でビジネスを行っています。日系の証券会社には，最大手の野村ホールディングスのような独立系証券のほか，３メガバンクグループ等の銀行グループに属する銀行系証券が存在します。外資系証券会社は，バルジ・ブラケットと呼ばれる欧米の巨大投資銀行が日本においても存在感を誇ります。なお，特に欧州系については，本国で銀行・証券・保険等の兼営を認めるユニバーサルバンキング制が採られていることが多いことから，日本でのビジネスが商業銀行在日支店と証券会社（第一種金融商品取引業者）とから構成され，法令上可能な限り一体的に運営されることが多いという特徴があります。

証券業界は，現在，多くの課題に直面しており，その一つとして伝統的なビジネスモデルの再構築が挙げられます。欧米の巨大投資銀行においても，伝統的な投資銀行業務以外の業務が収益の柱となっているとの指摘があります。また，個人投資家向けのリテール業務については，従来は対面営業が中心でしたが，若年層を中心とした個人投資家の間で委託手数料が低廉であり，取引も容易にできるネット証券のシェアが高まっています。リテール向け証券業務においては，デジタル化，FinTech対応が引き続き重要な課題となります。また，近年，政府により個人の安定的な資産形成が重視され，つみたてNISA，個人型確定拠出年金（iDeCo）といった制度が整備されてきました。これらの制度で扱われる投資信託を中心とした金融商品については，販売手数料等の手数料が低廉に抑えられており，個人投資家にとっては好ましい設計となっていますが，その販売に携わる証券会社からすれば収益を上げることが難しくなったという実情もあります。証券会社としては，これらの制度整備にあわせ個人投資家の資産形成に資する商品・サービスを提供しつつ，自社の収益を上げるという課題に対処することが求められることになります。

2．資産運用

資産運用会社は，「資金の効率的な配分」と「運用の担い手」として社会的に位置付けられるものといわれています（宇野淳監修『アセットマネジメントの世界』（東洋経済新報社，2010）5頁）。すなわち，第一の資金の効率的な配分としての役割とは，投資信託を運用する投資運用業者が典型的な例ですが，投資家から預かる資金を元にして，投資信託や不動産投資法人（J-REIT）等を通じて資本市場に資金を提供し，資金の提供を受けた企業等が雇用を生み出すことで経済の発展に寄与するというものです（前掲・宇野監修7頁）。また，第二の運用の担い手としての役割とは，資産運用会社が投資信託その他の運用商品を社会に提供しそれらを運用することで投資者の資産を殖やすという投資者側に対してサービスを提供するものです（前掲・宇野監修8頁）。

資産運用会社は，証券会社同様，日系企業と外資系企業とが日本市場でビジネスを行っています。典型的な資産運用会社である投信会社の日本国内での運用資産残高としては，野村アセットマネジメント株式会社（令和元年8月末現在：約35.1兆円）や大和証券投資信託委託株式会社（平成30年末現在：約17兆円）などの日系の資産運用会社の規模が大きいですが，グローバルレベルでの運用資産残高の上位の資産運用会社と比べると，まだ大きな開きがあるといえます（グローバル1位のブラックロック（BlackRock, Inc.）の運用資産残高は令和元年6月末時点で約6.84兆米ドル）。後述のとおり，資産運用会社の報酬モデルは基本的に運用資産残高に連動するものであるため，運用資産残高の拡大はそのまま資産運用報酬の増大につながるため，各社がその運用資産残高の積み上げに力を入れているところでもあり，世界の資産運用会社の運用資産残高は増加を続けています。

資産運用会社としては，顧客の資産を預かる受託者として，顧客に対するフィデューシャリー・デューティー（Q11参照）責任を果たしながら社会に対して資金を提供し，顧客の資産を殖やすことが求められています。また，AIやFinTechなどの技術の進化に伴い，伝統的な投資先だけでなく，新たな投資先や投資商品が日々生まれており，法務・コンプライアンス部門で働く者としても既存の法律やガイドラインだけでなく，新しく生まれる商品・サービスに適用される規制をフォローすることが求められています。

2　ビジネスモデル

1．証　　券

証券会社のビジネスは多岐にわたりますが，大きく，M&Aアドバイザリー，IPO（Initial Public Offering），PO（Public Offering）等を含む資金調達などのいわゆる投資銀行業務と，既発行の株券，債券等の有価証券の売買やデリバティブ取引等を機関投資家や個人投資家との間で行う市場業務・リテール業務とに分けることができます。

(1)　投資銀行業務

まず，投資銀行業務のうち，M&Aアドバイザリー業務では，国内の上場企業，非上場企業間や外国企業との間のM&Aをフィナンシャル・アドバイザー（FA）として仲介し，手数料収入を得ます。過去のリーグテーブル（一定期間における，公募増資や普通社債の引受け，M&Aアドバイザリーなどに関する金融機関の実績ランキング）を見ると，日系証券会社が比較的小規模な案件を多数手がける一方，外資系投資銀行は，少数の大規模な案件から収益を上げる傾向にあります。企業の資金調達に関連する業務として，未上場企業が新規の株式上場（IPO）を幹事証券会社として支援することも行います。上場前には，内部管理体制の整備，上場申請書類の作成支援等を行い，上場時には，その募集・売出し業務等を行うわけです。また，上場後も資金調達についてのアドバイス提供等を行い，公募増資（PO）にも関与します。以上は株式による資金調達ですが，証券会社は，社債発行を通じた資金調達にも幹事証券として関与しており，近年ではグリーンボンドなどSDGs・ESGの観点に配慮した資金調達も行っています。

(2)　市場業務・リテール業務

市場業務・リテール業務として，証券会社は，機関投資家，個人投資家による株式や債券等の売買に関するサービスも提供しています。株式と債券とでは，取引形態（株式は委託売買が中心的であるのに対して，債券は自己売買が通常

【図表序－1】証券業のビジネスモデル

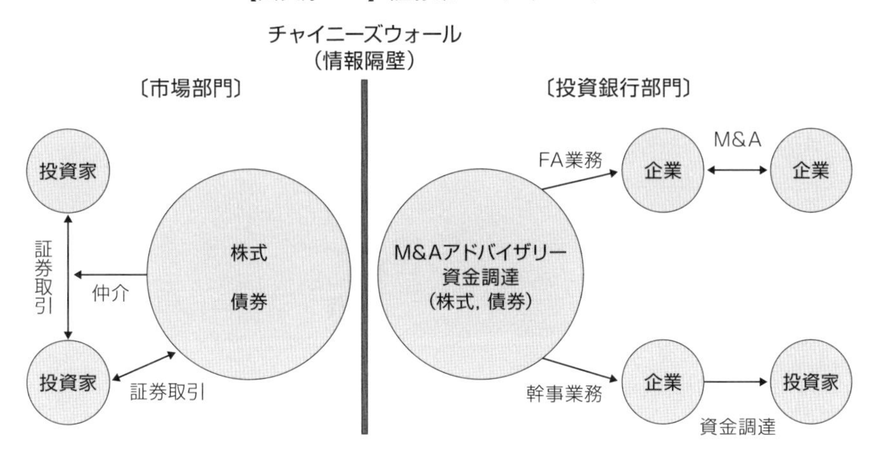

です），顧客層（株式は機関投資家，リテール投資家双方を広く対象とする一方，債券の場合は機関投資家中心であり，個人等のリテール投資家は，一部の限られた商品についてのみ顧客層となります）などに違いがありますが，いずれも既発行の証券の売買に関するサービスとなります。そして，証券会社がIPOやPOとして上場企業の資金調達に関与する場合には，市場・リテール部門において証券の販売力をどれだけ有しているかということも重要となります。多数の投資家に対する販売力は，大型の資金調達を成功させるための必須条件となるわけです。

また，証券会社の個人投資家向けサービスでは，株式や一部の個人向けの債券のほか，投資信託や貯蓄性保険なども扱っています。いずれも，委託売買や販売に関する手数料収入が証券会社の収益源となりますが，株式売買の委託手数料は，平成11年の自由化以降，低廉化しているとともに，投資信託等の販売手数料も個人の資産形成を図る金融庁の政策により近年抑制されています。

2．資産運用

資産運用と一口にいっても，多様なビジネスがあり，それぞれ規制する法律も異なります。本書では，投資運用業および投資助言業を主に取り扱いますが，広義では，銀行，信託銀行，不動産会社なども資産運用業ということができる

【図表序－2】資産運用業のビジネスモデル

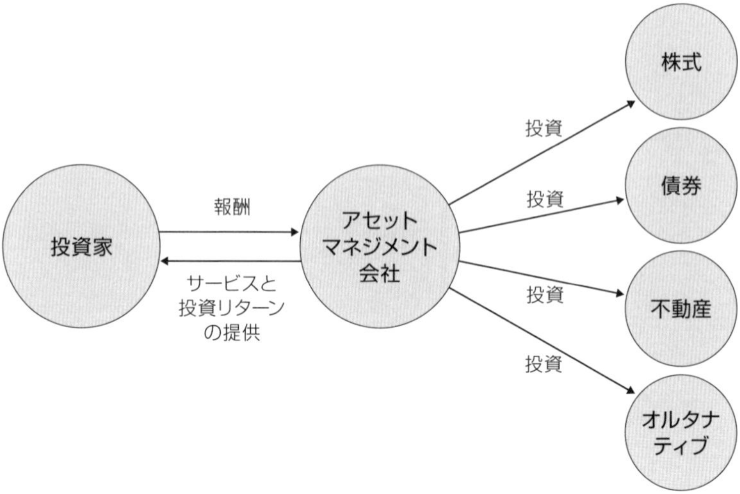

投資家
報酬
サービスと
投資リターン
の提供
アセット
マネジメント
会社
投資
投資
投資
投資
株式
債券
不動産
オルタナ
ティブ

でしょう。これらの会社と投資運用業者または投資助言業者がどのような点で本質的に異なるかというと，金融商品についての投資判断または投資助言を行うというところであるといえます。

資産運用の中核となるビジネスは，顧客から投資資金を預かりまたは投資に必要な権限を委任され，顧客のために投資を行いその資産を殖やし，その対価として報酬を得るビジネスです。資産運用会社の目指すものおよびその顧客から求められるのは最終的には収益の最大化ですが，単に収益を最大化すればよいわけでもありません。常にハイリスク・ハイリターンを狙えばよいわけではなく，顧客の投資目的に応じた投資を行う必要があります。その点に顧客は価値を見出すことから運用報酬を支払うことになるのです。

一般的には，運用報酬は顧客から預かった運用資産残高に応じて一定の料率をかけ合わせた金額を報酬とすることが多いと思われます。顧客の運用資産の残高は，運用の結果収益が出れば増加しますので，より顧客の投資目的に沿ったよい収益を顧客に提供することにより，将来の運用報酬も増えることになりますので，顧客との間で長期的に良好な信頼関係を築くことが重要だと思われます。

3．セルサイド・バイサイド

詳細はQ7で説明しますが，上記のビジネスモデルの違いに応じて，証券会社の業務をセルサイドと，投資運用業者や投資助言・代理業者など資産運用業のビジネスをバイサイドと呼ぶことがあります。それぞれの相違点については，Q7にて説明します。

3 法務の特色

1．予防法務と戦略法務

証券・資産運用業界の法務においては，訴訟など紛争が起こった後に対応する事後的な法務業務ももちろんあるものの，より重要なのは契約書その他の書面を整えて事前に紛争を予防することです。また，重要な取引やプロジェクトにおいて，法務，会計，税務などのさまざまな要素を考慮した上で，企業にとって効率的かつ有利な取引形態を採用すべく対応するという「戦略法務」（河村寛治『債権法改正対応版　契約実務と法』（第一法規，2018）11頁）という観点も重要だと思われます。さらに，企業の経営判断および経営管理に関する重要な問題を扱う「経営法務」という機能も重要な役割を担うようになってきているといわれています（前掲・河村11頁）。

予防法務の観点からは，Q1で規制当局との関係を踏まえた文書の重要性について，Q5で契約審査や社内規則について触れています。さらに，コンプライアンス部署や他のリスク管理に関する部署との連携についてQ3では具体的に問題となりうる事例に触れながらQ4では３つの防衛線の関係性の観点から説明します。

そして，戦略法務の観点からは，企業が実現しようとしている新たな施策について法務だけでなくさまざまな観点からサポートすることが求められることになりますが，新しいサービスの検討などの際に必要となる視点について，本書ではQ25，26，37，38で証券業界の法務の立場で説明します。また，資産運用業界での新しいサービスの検討などの際に必要となる視点についてQ49や

Q54で説明します。

証券，資産運用のいずれの業界においても，契約書その他の書面は非常に重要視されています。金商法上も，プロ向けの例外はあるものの，契約締結前交付書面や契約締結時交付書面など，顧客保護の観点から一定の書面作成義務が設けられており，金融商品取引業者（以下「金商業者」といいます）の行う業務について監督当局は非常に高い関心を有しているといえます。顧客本位の業務運営を目指す各金商業者にとっては，予防法務および戦略法務の観点から法務部門のカバーすべき領域が今後も広がり続けることが想定されます。

2．従来のビジネスと新しいビジネス

証券・資産運用業界では，常に新しい商品・サービスの検討が行われ，法規制が追い付かない場合も多く考えられます。そのような場合でも，当該新しい商品・サービスについて，法務の観点からアドバイスをしなければならないこともあるでしょう。法律上の規制がないからといって何でも許されるわけではなく，顧客に対して善管注意義務および忠実義務を負うフィデューシャリー（受託者）として，顧客のためにどのように対応していくべきか考えることが求められています。本書では，前述のとおりQ25，26，37，38，49やQ54で新しいサービス・商品等の検討について触れていますが，さらにQ34では，新たな法規制について法務部門としてどのように対応していくのが望ましいかについて説明します。

3．法務業務の専門性

(1)　規制の多さ・複雑さ

金融業界は，金商法をはじめとしてその規制法の多さ・複雑さからして最も法務担当者の活躍の場がある業界の一つではないかと思われます。カバーすべき規制が多岐にわたるため，法務分野を統括する立場として経験のある弁護士が企業内で働くことになったのが黎明期の法務担当者の典型的なパターンだったものと思われます。その後，規制の深化と広がりを受けて証券・資産運用業界の法務担当者の数も他の業界同様大幅に増えてきているところです。法科大学院制度改革後においては，各社において企業内弁護士の採用増とともに，法

務専門職の正社員数も漸増しています。

(2) 外部法律事務所のマネジメント

他の業種であれば，契約書のレビューは法務部内だけで完結する場合も少なくないと思われますが，上記のとおり法令の複雑性・専門性等の理由や商品の複雑性から，すべての契約書その他の書類を自社内だけでレビューすることが効率的でない場合も多いため，外部の弁護士に契約書をレビューさせる必要性がより高いといえます。

法律事務所との連携については主にQ9で取り上げますが，証券・資産運用業界の法務担当者は他の業界に比べて比較的経験を積んだ弁護士や法務部員の割合が多いと思われ，外部法律事務所への依頼の内容やその成果物の品質管理について，経営陣からの期待値も高いものであることが多いと思われます。

企業によっても異なると思われますが，企業内弁護士を採用している企業においては，特に，企業内弁護士と外部法律事務所の弁護士との立場および期待される役割について，法律事務所での執務経験のある企業内弁護士であれば，顧客である企業および経営陣の期待を正確に把握し，内製すべきところと外部法律事務所に依頼すべきところを的確に判断して行動することが期待されているといえるでしょう。

第 1 章 ▶▶

総　論

1 金商業界の特色，規制の概観

Q1 金商業の法務の特徴

初めて金商業者の社内法務に勤務します。金商業者の他の業種に対する特色は何ですか。また，その特色は，具体的にどのような形で日々の業務に影響してきますか。

A

金融商品取引業（以下「金商業」といいます）は規制業種です。規制業種のなかでも，金商法という歴史があり，基本法に近い大規模で複雑な法律によって規制されている点が金商業者の特色といえます。

一般的な会社であれば，法務は専ら経営層に目を向けて，究極的には株主に対する説明ができるよう業務を行います。金商業者は，さらに金融商品取引法の目的を念頭に置く必要があります。実務的には，日々の業務において金融当局への対応を常に意識することになるでしょう。

1．金商法による規制

(1) 金商法による「金商業」の定め方

金商法の建付けは，規制の必要のある一定の行為を列挙し，これを業として行うことを金商業と規定しています（金商法２条８項）。

【金商業となる一定の行為】

① 有価証券の売買，デリバティブ取引（市場および店頭）等，またはこれらの媒介，取次ぎもしくは代理
② 有価証券の引受け，募集および私募
③ 投資助言，投資運用行為

※①②がセルサイド（証券会社），③がバイサイド（アセットマネジメント会社）が主に行う業務。Q7参照。

⑵　金商業者には金融庁が強い影響をもつ

そして，金商業を行うものとして内閣総理大臣の登録を受けた者が金商業者になります（金商法２条９項・29条）。ただし，権限が内閣総理大臣から金融庁長官に委任されているため（同法194条の７），実際には金融庁が金商業者の監督官庁となります。

このため，金商業者は，一定の重大事由が生じた場合は，金融庁に届け出ます（同法50条・50条の２）。金融庁は，金商業者に対して，業務改善命令を出したり，監督上の処分を行ったり，登録を取り消したりすることができます（同法51条～55条）。また，報告の徴取や検査を行います（同法56条の２）。

２．特色を踏まえた実務上の留意点

⑴　金融当局対応

以上のように金商法の下，金融庁の広汎な監督を受けるのが金商業者です。金融庁対応が１つの大きな業務であることは否定できないでしょう。金融庁のほかにも，金融当局またはそれに類する機関として，証券取引等監視委員会，証券取引所，日本証券業協会，銀行なら日本銀行（日銀）も含まれてきますので，それら当局等への対応も重要です。

処分や命令，正式の報告徴求，検査等に至らずとも，問合せは日常的にあります。適切な対応を取れるように日頃から準備をしておく必要があります。準備には，事前から資料・データの保存，必要書類の作成等準備をすること，さらに経営陣とのコミュニケーションも必要となってくると考えられます（Q54参照）。

もっとも，一般的には当局対応は直接的には経営企画ラインないしコンプライアンス部門が行う場合が多く，法務部門はその補助となることが多いようにも思われます。いざというときだけ矢面に立たされてしまうことは避けつつ，権限分掌にも気を付けて，言うべきところは言うという非常にバランスの難しい業務となると思います。

⑵　日常のコミュニケーションから留意

いわゆるリーガルチェックや法務相談業務といった法務の日常所管業務についても，金融当局への報告，回答を意識する必要があります。

企業により実務的な方法は異なると思いますが，リーガルチェックの依頼書・回答書や法務相談記録，そこに至るまでの各部署とのメール等のやりとりすべてに配慮が必要です。広汎な監督権の下，これらの情報は，いつでも金融当局にチェックされる可能性があるからです。

一部のコミュニケーションだけ取り出した場合，前後の文脈が適切に加味されない可能性があります。その結果，全体としては適切なコミュニケーションだったとしても，一部だけ取り上げられ金融当局に不適切だとの判断をされる可能性があります。金商業者の従業員として，そのような誤解を生む可能性のあるコミュニケーションをしないように訓練されるべきですが，とりわけ法的な判断をする法務部の場合，より一層誤解のないコミュニケーションと誤解のない文書の記載をすることが求められてきます。

規制業種ではない会社の場合，犯罪が起こって警察が捜査する場合，不祥事が起こって第三者委員会が取り調べる場合でもなければ，ことこまかなコミュニケーションが会社外の組織から問題視される可能性はさほど高くありません。しかし，金商業者は以上のような特殊性があるので，一つひとつのコミュニケーションに細心の注意が必要となります。

(3)　全社的な問題や個別案件におけるリーガルの意見

全社的な問題や，別の部署が所管する業務についても，社内の法的な判断の最後の砦として，経営陣を含め，法務のサインオフがあるかどうかを重視します。ここがまさに法務パーソンとしての腕の見せ所だと思います。

組織ですから，人によって言うことが違うというようなことがないよう，法務として一貫性のある回答ができるよう留意すべきです。個別案件の回答であっても，法務内での共有，上席，関連部署へのエスカレーション，報告が重要になってきます。

ときには動かしがたい事実をあいまいにしつつ，ただハンコが欲しいというようなフロント担当者も現れてくるかもしれません。また人事異動もあるため過去のことが明らかにならない場合や，当初の段階では関連部署における法務マターであるという認識が薄い場合もあります。このような場合，どのように対応するか，挽回はできるのか，手遅れにならないよう適宜外部法律事務所にも相談をし，対応を検討することになるでしょう。

取締役の善管注意義務における経営判断原則と同様，金融当局への報告を念頭に置いたときも，プロセスが重要です。前提となる事実認識のプロセス，すなわち情報収集とその分析・検討をいかにしっかりやっているかがポイントになります。必要なときには，費用をかけても外部法律事務所を活用し，法律意見書等で理論武装しておくことが必要と思われます。

(4)　外部法律事務所のコントロール

外部法律事務所は多種多様な特徴があり，所属する弁護士もさまざまな弁護士がいると思います。金商法の守備範囲は幅広く，論点による得手不得手もあります。人間ですから，営業担当者等社内の人間と合う，合わないもあります。そのような点をうまくコントロールして，どの案件にどの外部法律事務所をアサインするのかセッティングするのは法務部の重要な業務でしょう（Q9参照）。

(5)　新しい時代への対応

FinTechの参入のように（Q26参照），金融業界も新しい時代へ突入しています。金商業は規制業種といっても，電気・ガス，鉄道に存在する料金規制は既に廃止され，独自性，新規性が求められる部分も大きくなってきました。

そもそも金融は法律が毎年のように変更され，随時規制が変わっていく業界でもあります。コーポレートガバナンス・コード，スチュワードシップ・コードのような，新たな対応も求められています（Q2参照）。また金融については他の国にも似たような規制があるのが通常で，グローバルに業務を展開している会社は，わが国以外の国や地域でも同様の規制を受けます（Q36参照）。

このような状況においては，会社，部署または個人の先例，経験に過度に依存すべきではないように思います。

では，どうすればいいのでしょうか。一義的な回答はありません。書籍を読み込み，セミナーに参加し，情報を収集分析しつつ，社内外のネットワークを広げて，いろいろな人と議論していくほかないのではないかと思われます。

コーポレートガバナンス・コード，スチュワードシップ・コードの概観

金商業者の法務・コンプライアンス上の個別の業務とコーポレートガバナンス・コード，スチュワードシップ・コードとはどのように関わってくるのでしょうか？

A

自社において機関業務を担当する場合，上場会社または運用機関としての立場から，両コードに対する対応を行います。両コードの趣旨を理解し，形式的・横並びの対応ではなく，自社自身の考えを示すことが重要です。

1．コーポレートガバナンス・コード

(1) コーポレートガバナンス・コードとは

コーポレートガバナンス・コード（以下「CGコード」といいます）とは，政府の成長戦略である「「日本再興戦略」改訂2014」を受け，上場会社の実効的なコーポレート・ガバナンスの実現に資する主要な原則をまとめた，上場会社に適用される行動規範をいいます。2015年6月に策定（2018年6月に改訂）され，東京証券取引所（以下「東証」といいます）の規則である有価証券上場規程（以下「上場規程」といいます）の別添に定められています（地方の各証券取引所規則にも定められておりますが，以下東証の規則を中心に記述します）。

CGコードの特徴として，プリンシプルベース・アプローチ（原則主義）と呼ばれる，自己の活動が原則の趣旨・精神に照らして真に適切か否かを自ら判断する手法を採用しており，取るべき行動を個別具体的に規定するルールベース・アプローチ（細則主義）とは異なる仕組みを採っています。さらに，CGコードの原則に対して，実施するか，実施しない場合にはその理由を説明するかを選択するコンプライ・オア・エクスプレインの手法を採用しています。

個々の上場会社のCGコードの実施状況は，東証に提出するコーポレートガバナンスに関する報告書（以下「CG報告書」といいます）に記載する形で公

開され，原則を実施するか，実施しない場合の理由の説明について記載することが上場会社の遵守すべき事項に挙げられています（上場規程436条の３）。また，明らかな虚偽の内容を含む記載をするような悪質な開示をした場合は，上場規程違反として改善報告書の提出を求められる等の措置を受ける可能性があります（東証「「コーポレートガバナンス・コードの策定に伴う上場制度の整備について」に寄せられたパブリック・コメントの結果について」番号７参照。上場規程412条・502条１項２号等）。

(2)　法務・コンプライアンス上の個別業務との関わり

上場会社にはCGコードが適用されます（本則市場の上場会社には基本原則・原則・補充原則が，マザーズおよびJASDAQの上場会社には基本原則のみが適用）。上場している金商業者において，法務・コンプライアンス部門が機関（ガバナンス）業務についても担当する場合，CGコードの対応を行うことが想定されます。具体的には，CGコードの各原則に対する自社の対応状況の確認，コンプライかエクスプレインかの選択，エクスプレインの内容検討，CG報告書の作成および各原則の対応状況に応じた社内体制の整備等が挙げられます。CG報告書の提出後も，記載内容に変更が生じた場合には都度提出が求められること（上場規程419条），また，コーポレートガバナンス体制に完全なものはなく日々改善に向けた取組みが必要なことから，継続して担当することになります。

2．スチュワードシップ・コード

(1)　スチュワードシップ・コードとは

スチュワードシップ・コード（以下「SSコード」といいます）とは，上記「「日本再興戦略」改訂2014」を受け，機関投資家が，投資先企業の価値向上を促し，顧客・受益者の投資リターンの拡大を図るという責任を果たすため有用となる諸原則を定めた行動規範で，正式名称は「「責任ある機関投資家」の諸原則《日本版スチュワードシップ・コード》」といいます。2014年２月に策定（2017年５月に改訂）されました。SSコードにおいても，CGコードと同様，プリンシプルベース・アプローチ（原則主義）およびコンプライ・オア・エクスプレインの手法が採用されています。

SSコードは，機関投資家（金商業者を含む運用機関およびアセットオーナー）に対して，コードの受入れ表明や，各原則の公表項目について自らのウェブサイトで公表することを求めています。ただし，法的拘束力はなく，結果的に上場規程違反につながるおそれのあるCGコードとはやや性質が異なっているといえます。

なお，SSコードとCGコードの両コードをつなぐ文書として，2018年６月，金融庁が「投資家と企業の対話ガイドライン」を策定しています。これは，両コードの共通目的である持続的な成長と中長期的な企業価値向上に向けた投資家と企業の対話において重点事項を議論するためのガイドラインであり，企業による果敢な経営判断や政策保有株式の縮減等の課題に対する取組みを促すことを目的としています。

(2)　コンプライアンス上の個別業務との関わり

上場会社である金商業者の法務・コンプライアンス部門が，機関業務・株主総会業務についても担当する場合，SSコードの対応を行うことも想定されます。具体的には，会社提案議案の可決に向けた取組みとして，SSコードの内容（特に原則５の議決権行使方針）を踏まえた，運用機関や議決権行使助言会社の動向調査，他社の会社提案議案における議決権行使状況の調査，議決権行使助言会社の議決権賛否推奨レポートに対する反論の作成等が挙げられます。

運用機関である金商業者においては，SSコード対応は正に主たる業務そのものといえ，法務・コンプライアンス部門は，SSコードの受入れの可否，各原則に対する自社の対応状況の確認，コンプライかエクスプレインかの選択，エクスプレインの内容検討，公表内容の作成および各原則の対応状況に応じた社内体制の整備等について，必要に応じて関与することが考えられます。

３．実務上の対応

(1)　コーポレートガバナンス・コード

法務・コンプライアンス部門は，日常の契約審査・法律相談やトラブル対応等の業務により横断的に社内の業務内容を把握できること，プリンシプルベースの趣旨を理解し，自社がコードに照らしてどのような状況にあるのかを当てはめることができる知見があることから，CGコードの対応を行うのに適している部門だと考えられます。

CGコードの対応を行う場合，他部署（経営企画，人事，総務，広報，経理・財務，内部監査，各事業部門等）の協力が欠かせず，実効性のある対応を行うためには，経営層および他部署によるCGコードの理解が欠かせません。このため，経営層等へのプレゼンテーション能力，他部署との調整能力，案件の推進力等が求められます。また，CG報告書の作成においては，端的に必要かつ十分な内容が記載できる文章力も求められます。

対応にあたっては，CGコードを補完するものとして，2017年３月に経済産業省が策定（2018年９月に改訂）した「コーポレートガバナンス・システムに関する実務指針（CGSガイドライン）」で提示されている検討事項も考慮して議論することが望まれます。

(2)　スチュワードシップ・コード

上場会社である金商業者の法務・コンプライアンス部門がSSコードの対応を行う場合で，たとえば，議決権行使助言会社に対して積極的に自社のガバナンス体制の周知を行い，議決権行使の賛成推奨レポートの記載を促す等を行うことも実務上の対応として考えられます。

運用機関である金商業者の法務・コンプライアンス部門が関与する場合，(1)で記載した内容（他部署との調整等）が概ね妥当すると考えられます。

2 法務およびコンプライアンス部門の他の管理部門との関係等

Q3 法務とコンプライアンスの業務

証券会社・アセットマネジメント会社において，法務とコンプライアンスの業務にはどのような違いがあるのですか。

コンプライアンスは，金商法等の法規制が遵守されているかのモニタリングや法規制遵守態勢の構築が主な業務となります。一方，法務は，契約類の審査や法令解釈上の問題への対応のほか，契約交渉等を通じた自社の各種金融取引等のサポート，訴訟対応といった業務を行います。

1．証券会社・アセットマネジメント会社の法務，コンプライアンスの概要

証券会社，アセットマネジメント会社では，法務担当部署とコンプライアンス担当部署とを別個の部署として設置することが一般的です。それぞれの部署の業務には重なり合う点もありますが，基本的には，コンプライアンス担当部署の業務が金商法をはじめとして自社に適用のある法規制の遵守を確保する点に中心が置かれるのに対して，法務担当部署の業務は，外部法律事務所からの意見書の取得を含めて法令の解釈を要する問題への対応，自社が当事者となる契約類の審査などが中心となります。また，法務担当部署ではフロント部署が行う各種取引の契約交渉に直接，間接に参加することもあります。

このように，法務とコンプライアンスで同じく法律，法規制を扱うといっても，コンプライアンス業務ではモニタリングを含めて法規制の遵守の確保に力点が置かれるのに対して，法務では私法上の問題も含め，自社の法的権利の確保を図る役割が期待されることになります。そして，これらの役割は時として衝突することも起こりえますので，特に近年では法務担当部署とコンプライアンス担当部署とを別々の部署とすることも一般的です。

2．業務の詳細

(1)　コンプライアンス

証券会社は，第一種金融商品取引業者として，アセットマネジメント会社は，投資運用業者または投資助言業者として，いずれも金商業者に該当します。金融商品取引業を行うためには，金商業者として金融庁の登録を経ることが必要であり，登録後もその監督下に服することとなります。そして，金商業者は，自らに適用のある業法である金商法，犯収法などを含む各種の金融規制法に加え，監督指針，取引所規則，自主規制規則である日本証券業協会規則，日本投資顧問業協会規則などの遵守を求められます。いわゆる規制業種として，金融業のみに遵守を求められる法規制への対応を行う必要がある点で，事業会社のコンプライアンス業務とは大きく性格が異なることとなります。そして，遵守しなければならない規制が多数に及ぶとともに，業務の運営の状況が公益に反し，または投資者の保護に支障を生ずるおそれがあってはならないものとされています（金商法40条２号）。

証券会社・アセットマネジメント会社のコンプライアンス業務においては，法規制の遵守が確保されるための社内規則の策定，社内周知のための研修の実施，社内モニタリングの態勢構築といった企画業務を行うほか，フロント部署や営業店でのモニタリングの実施も行うこととなります。たとえば，証券会社が顧客に有価証券を販売する際には，契約締結前交付書面，契約締結時交付書面の顧客への交付が義務付けられており，書面の記載内容，記載要領も金商法により細かく規定されています（同法37条の３以下，業府令79条以下）。また，断定的判断の提供の禁止（同法38条２号）など販売態様に関する規制も存在します。コンプライアンス担当部署では，営業担当者による営業活動が法令に則ったものとなることを遵守するために社内規則，マニュアル等を作成し，各営業店での研修等を企画するとともに，営業担当者が顧客に渡す販売用資料が法令上の要件を満たしているか否かの審査の実施，営業店に配属された内部管理責任者を通じた現場での指導を行うこととなります。また，仮に営業担当者の営業活動に法令違反の疑義が生じている場合には，通話録音の確認なども行うことになります。

(2) 法 務

証券会社・アセットマネジメント会社のコンプライアンス業務は，上記のように企画からモニタリングまで多岐にわたる一方で，法令上の要求であることから，各社における位置付けや業務内容にはあまり大きな差異はないものと考えられます。一方，法務担当部署の設置は法令上の要求ではないことから，法務担当部署の業務内容は，各社の実状に応じて大きく異なることがありえます。ここでは，証券会社・アセットマネジメント会社の法務担当部署の業務として各社で扱われていると思われるものを解説します。

まず，法務の業務として，法令上の解釈にわたる問題への対応が考えられます。コンプライアンス業務が法令遵守のための態勢構築を担う一方，遵守の対象となる法令の解釈については，社内における法令解釈の統一を図る観点からも法務が担うことが考えられます。法務部員としては，金商法をはじめとした法令に自ら精通するとともに，必要な場合には外部の法律事務所の意見を取得することになります。

次に，契約審査も法務の中心的な業務となります。証券会社，アセットマネジメント会社とも定型的な契約を日常的に多数締結するとともに，ストラクチャードファイナンスなどオーダーメイドでの対応が必要となる複雑な金融取引に係る契約を扱う必要が生じます。定型的な契約への対応については，効率的に審査を行うことができる態勢を法務担当部署内で構築することも大きな課題となります。一方で，複雑な金融取引については，契約交渉にも法務の専門家が必要ですが，自社の法務部員で対応するか，あるいはその分野の専門性を有する外部の法律事務所を起用するかなど各社の事情に応じて対応することが必要となります。

そして，訴訟対応も法務担当部署の重要な業務となります。特にリテール顧客との取引を行っている証券会社では，不可避的に証券訴訟等を抱えることになります。法務部員は，外部の弁護士を訴訟代理人として訴訟の管理や訴訟追行の方針に関する社内調整を行うことになり，また社内弁護士の場合には自ら訴訟代理人として自社の訴訟を追行することもあります。

3．法務，コンプライアンスの業務の違い

以上のように，証券会社・アセットマネジメント会社の法務，コンプライアンスの業務は，いずれも法令，法規制に関するものですが，業務内容は大きく異なります。コンプライアンス業務では自社による法令の遵守の確保のための各種施策を企画から実施にわたって行うことになります。法務でも，もちろん法令の遵守は大前提となりますが，契約交渉や訴訟対応などの場面において法令上認められる自社の利益の追求ということも業務の中で行っていることになります。

Q4 法務・コンプライアンスと他部署との違い

法務・コンプライアンス部門に配属されましたが，リスク，事務，決済，内部監査などの他の管理部門の部署とはどのように関わることになるのでしょうか。

A

証券会社・アセットマネジメント会社の法務・コンプライアンス部門は，他の管理部門のうち，いわゆる第2線部署（リスク，事務，決済等）とは各種業務において日常的に協働する機会が多くあります。一方，独立した監査を行う第3線部署（内部監査）と協働する機会は必ずしも多いものではなく，牽制関係に立つことのほうが一般的です。

1．証券会社・アセットマネジメント会社の管理部門と「3つの防衛線」

証券会社・アセットマネジメント会社の管理部門には，法務・コンプライアンスのほかにも，リスク，事務，決済，内部監査などの多くの管理部門の部署が存在しています。現在，各国の監督当局において，金融機関が内部統制の枠組みを構築する際には，いわゆる「3つの防衛線」(Three lines of defenses) を推奨することが一般的ですが，この「3つの防衛線」の下では，法務・コンプライアンスのほか，リスク，事務，決済や人事，財務といった管理部門の部署は，第2線部署と分類されます。

第2線部署は，ビジネスを主導するいわゆるフロントと呼ばれる第1線部署と密に連携して，第1線部署のリスクが適切に特定され，管理されることを確保することをその役割・責任としています。これに対して，ビジネスを行う第1線部署は，「割り当てられたリスクエクスポージャーのリミット内でリスクを引き受け，ビジネスのリスクを特定・評価し，コントロールすることについて，事前および事後の責任を負う。」(安達ゆり＝志村典子「大手証券グループにおけるリスクガバナンス強化のための施策」金融財政事情3160号39頁）ものとされます。また，内部監査部門については，「第一の防衛線および第二の防衛線でつくられたプロセスの有効性を独立した立場で評価し，客観的なアシュアランスを与える」（前掲・安達＝志村39頁）ことを役割・責任とする第３線部署と位置付けられます。

この「３つの防衛線」モデルに従うと，いわゆる管理部門の中でもリスク，事務，決済などの部署は，法務・コンプライアンスと同様に第２線の部署であり，それぞれが管理の対象とするリスクについて，第１線のリスクの特定・管理を行う役割を担う点で共通しています。これに対して，内部監査部門は，第１線，第２線から独立した立場で業務を行う第３線部署であり，法務・コンプライアンスとは役割・責任が異なることになります。

2．第2線部署との関わり

上記のとおり，法務・コンプライアンス部門もリスク，事務，決済などの部署も管理対象となるリスクが異なるだけで，同じ第２線部署となります。そのため，日常的な業務においても協働する機会は多くなるのが一般的です。たとえばリスクはオペレーショナルリスク（内部プロセス・人・システムが不適切であること，もしくは機能しないことなどから生じる損失に係るリスク）全般，事務は事務リスク（役職員が正確な事務処理を怠る，あるいは事故・不正等を起こすことにより損失を被るリスク），決済は決済リスク（何らかの事情で決済が予定どおり行われないことにより問題が生じるリスクであり，信用リスク，元本リスク，流動性リスク，システミックリスクなどに細分されます）を管理することがその役割・責任ということになります。

リスクという観点から分類すると，全く異なるものを扱うようにも思われますが，いずれも法務・コンプライアンス部門との関係は深いものといえます。たとえば，事務部門の事務処理も金商法や犯収法などの法令に従って行うことになります。法令解釈などの問題があれば法務担当部署に相談がなされるでしょうし，法令遵守という点からはコンプライアンスの業務とも密接に関連します。また，決済部門が管理する決済リスクも法規制との関連が非常に強い分野です。証券会社におけるデリバティブ取引の個別契約にあたるコンファメーション作成などは，法務部門ではなく決済部門などで行われることも多くあります。法務部門では基本契約であるMaster AgreementとScheduleの作成（Q19参照）や交渉に携わり，日常的なコンファメーションについては決済部門が行うわけです。また，金融危機後，OTCデリバティブ取引の規制が大幅に強化されましたが，決済や取引相手方（カウンターパーティー）のリスクへの対処が大きなテーマとなりました。法務部門がOTCデリバティブ取引の規制対応に関与した会社もあると思いますが，清算集中や証拠金規制など決済部門との関連が強く，協働する機会も多かったと思われます。

以上のほか，これらの部署とは新商品・新規業務の検証の際に，それぞれが管理するリスクの観点からの分析を各部署にて行う，ということで協働する機会もありえます。

法務・コンプライアンス部門にとって，第２線の各部署との連携はお互いの業務のために非常に重要です。日常的に案件で協力する機会が多く，一方でそれぞれが所管する業務について折衝する機会などもありえます。ビジネスを行う第１線部署のみならず，第２線部署とも日頃から関係を構築していきましょう。

３．第３線部署との関わり

それでは，第３線部署である内部監査部門との関わりはどうでしょうか。前述したように，第３線部署の役割・責任は，第１線部署のみならず第２線部署からも独立して，第１線・第２線が構築したプロセスの有効性を評価するところにあります。そのため，基本的には，法務・コンプライアンス部門が内部監査部門と日常的に業務で協働する機会も少ないことが通常です。もちろん個社の規模，態勢などにもよりますが，法務・コンプライアンス部門と内部監査部門との区別が不明確であることも珍しくない事業会社とは大きく異なる特色といえるでしょう。内部監査部門からすれば，法務・コンプライアンス部門もビジネス部門と同様に監査対象となる部署ということになりますので，法務・コンプライアンスに関連する問題についても，直ちに両部門間で協働して対処する，ということになるとは限りません。むしろ，法務やコンプライアンスに関連して問題があると考えた場合には，法務・コンプライアンス部門に対して，内部監査部門が対処を指示し，これに対応しなければならないといったこともありえます。この意味で，日常的な協働が想定される第２線部署とは異なり，内部監査部門とは協働する関係というよりは，牽制を受ける関係ということになるでしょう。

4．リスク管理の観点からの各部門の関係

金融庁が平成30年10月に公表した「コンプライアンス・リスク管理に関する検査・監督の考え方と進め方（コンプライアンス・リスク管理基本方針）」における，第１線，第２線および第３線の各部門のリスク管理の観点からの各部門の関係はどのようになるでしょうか。

コンプライアンス・リスク管理基本方針では，金融機関のリスク管理の枠組みとして，事業部門による自律的管理，管理部門による牽制および内部監査部門による検証が想定されています。すなわち，まず，収益を生み出す事業活動に起因するリスクの発生源である事業部門（第１線部署）がリスク管理の第一義的な責任を有するとされ，事業部門の役職員自身がコンプライアンス・リスク管理の責任を担うのは自分自身であるとの主体的・自律的な意識の下で業務を実施していくことが重要であるとされます。その上で，管理部門（第２線部署）は，事業部門の自律的なリスク管理に対して，独立した立場から牽制すると同時にそれを支援する役割，リスクを全社的に見て統合的に管理する役割を担うものとされます。最後に，内部監査部門（第３線部署）は，事業部門や管理部門から独立した立場で，コンプライアンス・リスクに関する管理態勢について検証し，不備があれば経営陣に対して是正を求め，管理態勢の改善等について経営陣に助言・提言をすることが期待されるとされています。このように，金融機関の各部門間では，牽制機能，検証機能といった関係があるものと考えられており，日常の業務を行う上でもこれらの関係を意識することが必要となります。

3 法務業務の分類

Q5 証券会社・アセットマネジメント会社の法務部門の業務

証券会社・アセットマネジメント会社の法務部門では，具体的にはどのような業務を担当することになるのでしょうか？

各社の実情に応じて異なりますが，担当業務としては金融取引の案件管理，訴訟管理，社内ルール作成，ベンダー管理，各種契約審査，セクレタリー業務，ライセンス管理，届出文書・開示文書への関与，株主対応，新規制への対応などがありえます。

1．証券会社・アセットマネジメント会社の法務の概要

Q3で見たように，証券会社・アセットマネジメント会社の法務部門の業務は，法令遵守の態勢確保を主眼とするコンプライアンス担当部署の業務とは異なる性格のものが多いことになります。法務部門の業務としては，取り扱うビジネスや日系，外資系の差など各社の実情に応じて異なることになりますが，一般的に各種の契約審査（金融取引関連の契約のほかベンダーとの契約等も含みます），訴訟管理，社内ルールの作成への関与，セクレタリー業務，ライセンス管理，届出文書・開示文書への関与，株主対応，新規制への対応などがあります。

2．法務担当部署の個々の業務

(1) 各種の契約審査，案件管理

契約審査は，法務担当部署の業務の中核です。その対象としては，フロント部署が行う金融取引に関連した守秘義務契約のような日常的・定型的な契約から，ストラクチャードファイナンスなど複雑な金融取引に係るオーダーメイド対応が要求されることが多い契約も含まれます。また，金融取引に関連するも

のに限らず，自社の締結する契約を扱いますのでシステム関連のものをはじめ業務委託先との契約についても審査をすることが考えられます。また，外資系証券会社・アセットマネジメント会社における社内弁護士を中心に，金融取引の契約交渉や案件の進捗管理にも関与することがあります。この場合，その役割は外部法律事務所の弁護士が果たすものに近いものになります。

(2) 訴訟管理

他の業態の金融機関と同様にリテール顧客との取引を行う証券会社では不可避的に顧客との間の訴訟・紛争を抱えることになります。また，海外にグループ会社を有する場合，たとえばアンダーライターとして関与した有価証券に関する現地での証券訴訟などもありうることになります。このほか，国内外の社員との関係での労務訴訟・紛争等も生じえます。法務担当部署としては，これらの訴訟・紛争の代理人弁護士と協働して，訴訟追行方針の策定と社内調整などに関与します。弁護士資格を持つ法務部員の場合，自ら訴訟代理人として関与することもあります。いずれの類型であっても訴訟・紛争は，社内外での複雑な利害問題が生じがちです。外部の弁護士としての関与と大きく異なる点として，主に社内の利害調整を含めた社内調整にも関与する必要がある点が挙げられます。

(3) 社内規則の作成への関与

金商法をはじめとした法令遵守のための社内規則の作成は，主にコンプライアンス担当部署で行うことが一般的です（Q3参照）。もっとも，社内規則作成の前提として法令解釈上の問題があるような場合には，法務担当部署が関与することも考えられます。また，法務担当部署が独自に作成・運用することが想定される規則もあります。たとえば，海外の裁判所からサピーナが発せられた場合，社内の文書やメールが誤って破棄されることがないようにしなければなりません。そのため，事前に社内規則を制定するとともに，社内への指示を行う対応も含めて法務部門が行うことが考えられます。その他，外部の法律事務所利用の管理に係る社内規則なども法務部門独自のものとしてありうるでしょう。

(4) セクレタリー業務

外資系金融機関では，法務担当部署において，取締役会等の管理などコーポレートセクレタリーの役割を担うことがあります。また日系の場合においても，取締役会，経営会議等の会議体の事務局となることもありえます。

(5)　ライセンス管理

証券会社・アセットマネジメント会社を通じて各社とも商標権を保有しているほか，自社が扱う金融商品で他社の商標を使用することもあります。法務担当部署では，商標権をはじめとする知的財産権の管理，ライセンス契約の審査・締結などを担当することになります。

(6)　届出文書・開示文書への関与

株式，債券，投資信託を通じて，有価証券を公募，売出しとして販売する際には，有価証券届出書の作成，提出が必要となります。また，外国投資信託の日本国内での販売の際には金融庁に外国投資信託の届出を行う必要があります。株式・債券のIPOやPOの際の有価証券届出書等の作成は，発行体と証券会社のフロント部署，外部の法律事務所が主体となって行うことが通常ですが，外債（仕組み外債）の売出しの場合などには，海外のグループ会社が発行体となる外債を扱う場合など，日本の法務部門が有価証券届出書の作成に関与する場合もありえます。また，アセットマネジメント会社の場合，外資系を中心として，投資信託受益証券や投資法人投資証券の有価証券届出書の作成に法務担当部署が関与することもあります。

(7)　株主対応

日系の証券会社・アセットマネジメント会社で上場している場合には，株主総会対応を含め一般株主への対応が生じます。各社により対応する部署は異なるところですが，法務担当部署が関与する場合もあります。会社法の観点のみならず，金商法の定めるフェア・ディスクロージャー・ルールやコーポレートガバナンス・コード等も意識した上で対応する必要があります。

(8)　新規制への対応

近年，金融規制は変化が非常に早くなっており，証券会社もアセットマネジメント会社も，常に新たな規制に対応することが要求されます。法務担当部署の業務として，新たな規制の情報収集や規制対応の検討，社内への研修実施なども考えられます。

特に金融規制に関しては，日本の法規制のみならず，米国，EUを中心として海外の規制への対応も大きな課題となります。近年では米国のボルカールール（金融機関の市場取引に関するルール）やEUのMiFIDⅡ（第２次金融商品市場指令）は，日本の証券，アセットマネジメント業務にも大きな影響を及ぼしました。海外に拠点を有しているために，グループとして現地の規制の遵守が必要となる場合のみならず，現地の金融機関に対する規制が間接的に日本の金融機関に影響を及ぼすこともあります。たとえば，MiFIDⅡの手数料規制は，直接的には欧州の運用会社，証券会社を規制対象としますが，規制の結果，欧州の金融機関にリサーチ業務を提供する日本の証券会社も，従来のように株式売買の手数料中にリサーチ業務に係るコストを含めるとの対応をとることができなくなり，リサーチ業務の対価を明示しなければならなくなる点で，証券会社のリサーチ業務に非常に大きな実務的な影響が生じています。また，金融規制以外の分野でも，同じくEUのGDPR（General Data Protection Regulation。一般データ保護規則）対応も近年大きな課題となりました。証券会社・アセットマネジメント会社の法務担当部署では，国内，国外を問わず，新たな規制への対応を業務の一環として行うこととなります。

4 クロスボーダー取引の必要性

Q6 クロスボーダー取引の注意点

当社では，顧客の海外での資金調達に絡む取引等，いわゆるクロスボーダー取引業務が多くあるようです。クロスボーダー取引に法務部として関与する場合に，特に注意すべき点は何ですか。

A

クロスボーダー取引とは，国をまたがって行う取引です。当事者，行為地，資金や法律などが国際的になります。このような国際取引を行う場合は，国際私法と国際民事訴訟法に注意します。国際私法は，準拠法の選択の問題，国際民事訴訟法は，管轄裁判所の問題です。

また，国際的な金融規制ルールや米欧諸国の規制の域外適用にも注意が必要でしょう。

1．金融におけるクロスボーダー取引

(1) クロスボーダー取引がされる背景

先進国では資金が余っていて運用先に困っていることが多い一方，資金需要は発展途上国にあることが多いです。このことがクロスボーダーの金融取引につながるそもそもの背景です。

サービス供給面で見ても，どこか1拠点で行うより各国各地域で役割分担したほうが合理的です。たとえば金融商品の考案は伝統的な金融センターである，ニューヨーク，ロンドン，香港，シンガポール，東京といった場所に一日の長がありますし，人件費という観点からは，発展途上国の提供するバックオフィスその他のサポートサービスを見逃すこともできません。また，会社が設立しやすいのは米国デラウェア州ですし，証券化その他で必要となる特定目的会社（SPC）では，ケイマン島等の税負担が低い，いわゆるタックスヘイブンが使い勝手がよいといえます。

このように，クロスボーダー取引がなされるのは経済合理性があるからといえます。

(2) 契約法上の問題と規制法上の問題

クロスボーダー取引の法的検討は，大きく２点から考えていく必要があります。契約法上の問題と，規制法上の問題です。

ここでいう契約法上の問題は，たとえば金融機関がクライアントと締結する契約の準拠法であったり，裁判管轄であったり，債務不履行が起こった場合の執行の問題であったりします。

通常は契約の準拠法や裁判管轄を，当事者の合意で定めることができます。クロスボーダーの金融取引一般について言えば，過去の積み重ねが大きいイングランド法，ニューヨーク州法を準拠法にすることが多いように思われます。執行との関係では，財産がある国の執行手続が問題になってくるので，また別の検討が必要となります。

次に規制法上の問題です。ここでは総論として説明します（個別的な論点についてはQ16参照）。グローバルでアンチ・マネー・ローンダリング（AML）やテロ資金供与防止が求められ，また，リーマン・ショック等世界的な金融危機に直面したことによって，国際的な規制が整備されました。これらの規制も注意点となってきます。

2．クロスボーダー取引と準拠法，管轄

(1) 実務における準拠法の決め方

国際私法は，国際的な私法関係に対してどの国の法律を適用するか，すなわち準拠法を決定する法をいいます。わが国では，法の適用に関する通則法の適用・解釈を検討することになります。理論的には，準拠法を決定するために，法律関係の性質決定，連結点の確定といった複雑なプロセスを経ることになります。

もっとも，実務上は，取引にあたって契約において準拠法を合意することになります。日本法準拠であれば，その解釈は基本的には日本企業にとって一番有利になると思われますが，契約書の具体的な準拠法は自社と相手方との力関係で決まってしまうことが多いと思われます。

せめて，準拠するのが相手方の本社所在地法になってしまうことは避けて（たとえば，中国法，スイス法とか，さらに中東の国といった，比較的馴染みが薄く，法的予測が極めて立ちにくい法律，また韓国法といった政治的な問題を孕む可能性のある法律は少なくとも回避し），選択に一定の制約はあるものの，広く使われている分まだ中立的といえるイングランド（・ウェールズ）法，ニューヨーク州法に持っていくよう交渉します。

なお，「英国法」（UK law）ではなくイングランド（・ウェールズ）法（English law）となるのは，England & WalesとScotlandでは法律が違うためです。英連邦法なるものもありません。一方，米国は連邦法もありますが，具体的な準拠法は各州法によるためです。

また，そもそもクロスボーダー取引にかかる契約は英文契約であることも多いと思います。英文契約の法務審査もできるよう，研鑽が必要です。

(2)　実務における管轄の決め方

国際民事訴訟法は，国際民事事件の手続的な側面を規律する法律をいいます。どの国の裁判所が国際民事事件を裁判できるかという国際裁判管轄が最も問題となります。

実務的には，準拠法と同じく取引にあたって契約において合意することになります（民事訴訟法３条の７）。これも，東京地方裁判所管轄，大阪地方裁判所管轄等が望ましいわけですが，残念ながらわが国が国際的な紛争解決場所として選ばれることは多くないと思われます。

そこで，管轄裁判所が米国の裁判所にせざるをえない場合であっても，結果が読みにくい陪審裁判を避けることや，韓国や中国の裁判所とせざるをえない場合，日本との政治的な対立が顕在化している時期の裁判をなるべく避けるなど，細かな配慮が必要になるでしょう。

(3)　その他実務上の留意点

実務的には，そもそも裁判なのか仲裁にするか紛争解決手段の選択も注意が必要です。仲裁のほうが費用がかからず，執行もニューヨーク条約があるため問題が少ないといわれたりすることがあります。ただ，仲裁手続を数多く経験してそういっているのではなく，観念的にいわれている可能性がある点には留意すべきです。

次に仲裁を選択することになっても，仲裁地をどこにするかがさらに問題となります。アメリカ仲裁協会（AAA）が最も件数が多く，他の国ではロンドン，シンガポール，香港がよく使われる場所です。

中国企業との取引の場合，香港仲裁なら受け入れられやすくなります。ただ，香港の仲裁判断が，北京や上海といった中国本土の裁判所で執行が認められるかというと，仲裁互助協定もあるため，認めてくれるのではないだろうかという期待は強いものの，現実的にはスムーズにいかない場合があることに注意が必要です。

また香港仲裁ですらなく，中国本土での仲裁という場合も留意が必要です。以前，仲裁機関の中国国際経済貿易仲裁委員会（CIETAC）で内紛が発生し，上海国際仲裁センター（SHIAC），深圳国際仲裁院（SCIA）が独立するといった分裂騒動がありました。実務上，独立前にした仲裁合意に基づきいずれの仲裁機関に仲裁を申し立てるべきかについて相当混乱した例があったといわれています。

3．グローバルな規制

特にリーマン・ショック以降，国をまたがってサービスを展開する金融機関を有効に規制するために，規制を当初から国際的に適用する前提で作成する，あるいは，その議論をするということがより活発になってきました。たとえば，証券規制に関するIOSCOによる議論，銀行であればバーゼル規制です。

また，米国のドッド・フランク法，EUのMiFIDⅡは域外適用が幅広く行われる建付けになっています。これら国際的なルールへの目配りが必要になってくるでしょう。

AMLやテロ資金防止については，国内で犯収法の改正につながっています。コンプライアンスの観点から，かかる動向にも留意が必要です。

5 セルサイド・バイサイドとは

Q7 セルサイド・バイサイドの違い

金商業者の中でも，いわゆるセルサイド，バイサイドにより行う業務の内容が違うと聞きました。セルサイド，バイサイドとは何を指すのですか？

A

セルサイドとは，主に証券会社のことであり，その業務の中心は第一種金融商品取引業となります。一方，バイサイドとは，いわゆる機関投資家を指し，金商業者の中では投資運用業者や投資助言・代理業者を指しますので，業務は投資運用業，投資助言業が中心となります。

1．セルサイドとバイサイド

セルサイドとは，投資家に株式や債券，投資信託等のさまざまな金融商品を売る側をいい，主に証券会社を指しています。これに対して，バイサイドとは，セルサイドから金融商品を購入し，運用を行う機関投資家を指しています。バイサイドには，主に生命保険会社，損害保険会社や信託銀行，投資運用業者などが該当します。

2．セルサイドとバイサイドの業務

(1) セルサイドの業務

上記1のように，セルサイドとは主に証券会社のことを指しますので，第一種金融商品取引業者が該当することになります。その主な業務は，第一項有価証券についての有価証券の売買・市場デリバティブ取引等（金商法2条8項1号），有価証券の売買・市場デリバティブ取引等の媒介，取次ぎまたは代理（同項2号），有価証券の売買・市場デリバティブ取引等の委託の媒介，取次ぎまたは代理（同項3号），店頭デリバティブ取引とその媒介，取次ぎまたは代理

(同項４号)，有価証券等清算取次ぎ（同項５号)，有価証券の引受け（同項６号)，有価証券の売出し等（同項８号)，有価証券の募集・私募・売出し等の取扱い(同項９号)，PTS（同項10号，Q23参照）および金銭・有価証券の預託を受ける行為もしくは社債等振替行為（同項16号・17号）となります。また，これらに加え，有価証券の貸借（同法35条１項１号)，有価証券に関する情報の提供または助言（同項８号)，M&Aの仲介業務（同項11号）をはじめとする付随業務（同項）や届出業務（同条３項・２項各号)，承認業務（同条４項）も行うことができます。これに対して，第二種金融商品取引業者の場合，第二項有価証券についての売買（同法２条８項１号)，売買の媒介，取次ぎまたは代理（同項２号)，委託の媒介，取次ぎまたは代理（同項３号)，有価証券等清算取次ぎ（同項５号)，有価証券の売出し等（同項８号)，有価証券の募集・私募・売出し等の取扱い(同項９号）などを行うことができます。

なお，第一項有価証券とは，株券，国債証券，社債券，投資信託受益証券など金商法２条１項各号に列挙された有価証券および有価証券表示権利（私法上の有価証券の発行が予定されている権利であるが，発行されていない権利（２条２項柱書)）を指します。第二項有価証券は，いわゆるみなし有価証券のことを指し，信託受益権，外国信託受益権，合同会社の社員権，外国法人の社員権，集団投資スキーム持分，外国集団投資スキーム持分等，同法２条２項各号に列挙された有価証券を指しています。同様の行為であっても，第一項有価証券を対象とする場合には第一種金融商品取引業，第二項有価証券の場合には第二種金融商品取引業の登録が要求されています。

セルサイドの業務の詳細については，Q12，13をご覧ください。

(2)　セルサイドの業務に関連する法務

セルサイドの業務は，上記(1)の概要のとおり多岐にわたっていますが，セルサイドの業務に関連する法務もこれに応じて種々のものが含まれます。株券，債券等のセカンダリーマーケットにおける売買をめぐっては，主として金融商品取引法等の法規制対応に関連する業務を扱うことが想定されます。また，仕組み債や各種証券化商品の組成の場面では，法規制対応も必要ですが，複雑な契約書のドキュメンテーションも必要となります。一方，プライマリーマーケットでの業務として株券，債券のIPO，POなども含まれますが，この場合も，社債要項をはじめとしたドキュメンテーション業務のほか，募集，売出しに係る法規制対応も行わなければなりません。

(3) バイサイドの業務

一方，バイサイドについては，上記1のとおり，生損保や信託銀行の他に，金商業者として投資運用業者および投資助言・代理業者が該当します。投資運用業者は，投資法人資産運用行為・投資一任運用行為（金商法2条8項12号），投資信託運用行為（同項14号），ファンドの自己運用行為（同項15号）を行うことができ，また各種のコンサルティングや情報提供などの付随業務（同法35条1項）や届出業務（同条3項・2項各号），承認業務（同条4項）も行うことができます。投資信託や投資法人を通じた資産運用が業務の中心となります。これに対して，投資助言・代理業者の場合，投資助言行為（同法2条8項11号），投資顧問契約・投資一任契約の締結の代理，媒介（同項13号）のいずれかを業務とすることになります。バイサイドの業務の詳細については，Q39をご覧ください。

(4) バイサイドの業務に関連する法務

バイサイドの業務は，上記のとおり，投資信託，投資法人や各種ファンドを通じた資産の運用が業務の中心となります。そのため，バイサイド業務に関連した法務も，投資信託，投資法人や各種ファンドに関連した法務がその中心として考えられます。いずれもその組成，運用，販売にあたっては，有価証券として，有価証券届出書等の作成などの開示規制をはじめとした金商法の規制を遵守する必要があり，加えて，投資信託および投資法人の場合には，投信法も意識する必要があります。バイサイドでの法務としては，ファンドの組成，運用，販売を規制する法規制対応を行うとともに，開示規制の適用があるファンドの場合には有価証券届出書，目論見書のレビュー等も対象となります。

(5) ま と め

以上のように，一口に金商業者といっても，証券会社等のセルサイドと投資運用業者等のバイサイドでは，扱う業務，立場が大きく異なり，そのため，法務担当部署が扱うこととなる業務も自ずと異なってくることとなります。金商法一つをとっても，セルサイド，バイサイドにより，その法務業務において中心的な課題となる領域は，かなり異なります。それぞれの法務担当部署の業務については，セルサイドはQ14以下，バイサイドはQ40以下をご参照ください。

COLUMN 1

証券・資産運用業界の企業内弁護士事情

序章でも触れたとおり，証券・銀行等を含む外資系金融機関において企業内弁護士が増え始めたことから，業界内の企業内弁護士数も順調に増えてきています。日本組織内弁護士協会（JILA）によれば，証券・資産運用業界を含むJILA２部会所属会員は，120名を超えており（JILAウェブサイト参照），今後も増加するものと思われます。

証券・資産運用業界は金商法その他の複雑な規制法を取り扱うことから，企業内弁護士業界においてもとりわけ専門性の高い人材が集まっています。そのため，人材の流動性も高く，ある会社の法務部に所属していた企業内弁護士が別の会社に移籍するケースも多く発生しています。業界外から業界内に企業内弁護士として入ってくることは不可能ではないものの，業界経験のある弁護士とない弁護士とが１つのポジションに応募した場合には，一般的には経験のある弁護士が優先されることになり，若手のポジションを除き，業界外から新規に業界の企業内弁護士となることが徐々に難しくなってきていると感じます。

将来のキャリアパスとしては，金商法という専門分野を持つことで，業界内での多様な会社の企業内弁護士として働くことができる可能性が広がるといえるでしょう。厳格な規制法を要する証券・資産運用業界の企業内弁護士として働いていれば，他の規制業種の企業内弁護士として働く場合も抵抗感なく入っていくことも可能と思います。

外部との連携（法律事務所，規制当局，取引所，業界団体等）

Q8 金融商品取引所との関係

金商業者と金融商品取引所はどのような法的関係に立つのでしょうか？また，金商業者の法務担当者として，金融商品取引所とはどのようなやり取りを行うことになるのですか？

A

金商業者は，取引所市場の取引に参加するために，取引参加者契約を締結し，取引所規則等を遵守する義務を負います。また，法務担当者として，取引所による検査等の際に自社の利益を守るための対応等を行います。

1．金商業者と金融商品取引所の法的関係

(1) 金融商品取引所とは

上場金融商品市場において，金商業者が行う業務の性質上，証券取引所等の金融商品取引所（以下「取引所」といいます）とは相互に欠くことのできない関係にあります。

取引所は，内閣総理大臣の免許を受けた金融商品市場を開設する金融商品会員制法人または株式会社であり（金商法２条16項），取引の公正・投資者保護等のため，金商法上の規制を受けています（同法１条参照）。現在，日本においては，株式会社東京証券取引所（以下「東証」といいます），株式会社大阪取引所（以下「OSE」といいます），株式会社名古屋証券取引所，証券会員制法人札幌証券取引所，証券会員制法人福岡証券取引所，株式会社東京金融取引所があります（なお，東証，OSE，以下に述べる株式会社日本証券クリアリング機構（以下「JSCC」といいます）および日本取引所自主規制法人（以下「JPX-R」といいます）は，持株会社である株式会社日本取引所グループ（JPX）の傘下にあります）。

以下，取引所の記述においては，上場株式等の現物市場を運営する東証，有

価証券デリバティブ取引市場を運営するOSEを中心に記載します。

⑵　取引所の自主規制機能

取引所は，金商法上，市場における取引公正・投資者保護のため，自主規制業務を適切に行うことが求められ（同法84条１項），独立性確保のため，別法人としての自主規制法人の設置が規定されています（同法85条等）。その趣旨は，株式会社の主目的である利益追求を重視するあまり，投資家保護のために必要な上場審査・売買審査等が疎かになるおそれ（利益相反）が生ずることに対応することにあります（神田秀樹＝黒沼悦郎＝松尾直彦『金融商品取引法コンメンタール３』（商事法務，2012））。東証およびOSEは，同法84条２項の自主規制業務の一部である取引参加者資格の審査や処分等をJPX-Rに委託しています（同法85条１項，〔東証〕取引参加者規程44条の２等）。

⑶　取引参加者契約等

金商業者は，取引所から取引参加者（金商法２条19項）の資格を付与されて初めて，取引所市場における有価証券の売買および市場デリバティブ取引を行うことができます（同法111条・113条）。取引所は，取引参加者が法令や取引所規則に違反した場合には，過怠金を課し，取引停止や資格取消し等を行う旨定款に定めなければならず（同法87条，〔東証〕定款47条等），東証およびOSEは，取引参加者は取引所と取引参加者契約の締結をしなければならない旨や取引参加者に対する処分等について規則で定めています（〔東証〕取引参加者規程７条・34条等）。取引参加者は，取引参加者契約に基づき，取引に応じた手数料を取引所に対して支払います。具体的には，資格維持に必要な毎月の基本料，約定代金・数量に応じた取引手数料，発注件数に応じたアクセス料，売買（デリバティブ）システム施設利用料です（〔東証〕取引参加者規程11条，〔東証〕取引参加料金等に関する規則３条等）。

また，金商業者が，自己の名で上場株式等の売買注文を行うためには，内閣総理大臣の免許を受け，金商業者を相手方として当該売買に基づく債務を引き受ける金融商品債務引受業を行う機関（金融商品取引清算機関）であるJSCCの清算資格（清算参加者）が必要となります（金商法２条28項・29項・156条の７）。清算資格を有するためにはJSCCと清算参加者契約を締結しなければならず，JSCCが定める規則に違反した場合には債務引受けの停止や清算資格の取消し措置等を行う旨定められています（〔JSCC〕業務方法書11条・29条等）。清算参加者は，清算参加者契約に基づき，JSCCに対して，資格維持に必要な毎月の固定手数料，債務引受けの額・件数に応じた清算手数料，DVP決済（Q23参照）にかかる手数料を支払います（〔JSCC〕業務方法書15条，〔JSCC〕手数料に関する規則2条等）。

2．金商業者の法務担当と金融商品取引所とのやりとり

(1) 考査対応

JPX-Rは，東証およびOSEからの委託により，取引参加者の業務の金商法および取引所規則の遵守状況，不公正取引防止のための業務執行体制の整備状況等を考査（調査）する権限を有しています（〔東証〕取引参加者規程19条等）。当該権限に基づき，定期または臨時に取引参加者の本店や支店の実地考査や書類考査が行われます。なお，現在，考査は，日本証券業協会や地方の証券取引所と合同で行われることが多いようです。

法務担当は，自社の権利利益を守るための対応として，たとえば，取引所やJPX-Rに提出する書類のチェック，JPX-Rによるヒアリングの同席，万が一法令等の遵守状況と関連性のない調査や不当に業務を妨害するような調査があった場合に，取引所またはJPX-Rに対してそのような調査を止めるよう申出を行うことが考えられます。

(2) 処分等に対する対応

取引参加者は，法令や取引所等の規則に違反した場合，取引所から過怠金を課され，取引停止や資格取消し等の処分等を受けることがあります（金商法87条，〔東証〕定款47条，〔東証〕取引参加者規程7条・34条等）。実際に取引所が処分等を行うためには，取引参加者に対して審問を行う必要があり（〔東証〕取引参加者規程34条・35条等），法務担当として，処分対象事実の有無を調査し，また当該審問の際に同席する等して，事実誤認等がなされないよう対応することが考えられます。

(3) そ の 他

自己売買や委託売買等の業務において，対取引所との関係で何らかのトラブルがあった場合には，法務担当も関与することが考えられます。

3．実務上の留意点

(1)　考査対応

JPX-Rによる一般考査は定期的に行われますが，取引参加者は具体的な考査の時期について，原則として4週間程度前までは事前に知ることはできません。したがって，当局検査対応と同様，本店・支店を問わず，法令・取引所規則等の遵守体制の整備・運用・改善等の地道なコンプライアンス活動が重要となります。

また，近年，取引所が考査項目として重視している事項として，不公正取引の防止に係る売買管理態勢，高速取引行為に係る管理態勢，システムリスク管理態勢，ガバナンス体制およびリスク管理態勢の整備状況が挙げられており（2019年2月22日日本取引所自主規制法人考査部「日本取引所自主規制法人2019年度考査計画」），これらの項目に重点的に目配りしておくことも重要です。

(2)　処分等に対する対応

実際に取引所から処分等がなされた場合，取引参加者は，処分を受けた日から10日以内に，取引所に対し書面で理由を示して異議申立てをすることができ，取引所が認めたときは直ちに変更または取り消すものとされています（〔東証〕取引参加者規程38条・9条3項）。

法務担当としては，当該処分等対象事実の有無および処分等の軽重等について精査し，異議申立ての検討をすることになります。

(3)　そ の 他

取引所やJSCCには多くの規則が存在しており，制度や取引の手続について，規則の文言のみではその意図していることを正確に理解できない可能性がある場合は，必要に応じて担当部署を通じて取引所等に確認することも実務上の対応として考えられます。

 外部の法律事務所との連携

証券会社・アセットマネジメント会社の法務部門に配属されました。外部の法律事務所とはどのように連携して業務を行えばよいのでしょうか。他の業界の会社の法務部での法律事務所との関係と異なる留意点などはありますか。

A

証券会社・アセットマネジメント会社の法務は，カバーする範囲が広くなりがちですので，外部の法律事務所を適切に起用して自社のリソースを補完する必要があります。リソースの観点の他，リスク管理の観点等も踏まえ，外部の法律事務所に依頼する範囲を決めていくことになります。

1．外部の法律事務所の必要性

証券会社・アセットマネジメント会社の法務部門においても，外部の法律事務所との連携は必須といえます。法務部門の具体的な業務内容は個社ごとに異なりますが，証券会社・アセットマネジメント会社が事業として行う取引は，広汎なものとなります。たとえば証券会社の取引においても，株式等のエクイティや債券等のフィクストインカム（Q24参照）のホールセールの市場取引，リテール向けの各種金融商品の販売取引，M&Aアドバイザリーや資金調達をはじめとした投資銀行業務があります。また，証券会社もアセットマネジメント会社も企業として会社法，労働法，訴訟対応等の法務にも取り組まなければなりません。これに加えて，グローバル展開している場合等には，海外拠点の所在国の法規制をはじめとして海外の法規制に対する対応も必要となります。よほど法務部門にリソースを割いている会社でもなければ，このような海外法規制も含む広汎な分野の法律問題について自社内部のリソースのみで対応することは現実的ではないでしょう。また，仮に自ら対応できる分野についても，リスク管理の観点から外部の第三者である弁護士の意見を取得することが適切な場合もあります。

2．外部の法律事務所との連携方法

それでは，どのように外部の法律事務所と連携して業務を進めていけばよいでしょうか。既に業務フローを確立している会社もあるでしょうが，いくつかの分野ごとに連携方法を見てみましょう。

(1) 法務相談

まず，各種の法務相談においては，一義的には法務部門で対応する場合が多いと思われますが，相談内容の専門性やリサーチに必要となる時間・リソース，リスク管理などの観点から，外部の法律事務所を起用すべきかどうか判断します。法務部員が他部署からの相談を受けた上で，外部の法律事務所にコンタクトして相談する形が一般的ですが，たとえば顧問弁護士などに毎週決まった日時に会社に来訪してもらった上，他部署からの相談に直接対応してもらう形や，出向・駐在として法務部に常駐してもらうといった形での対応もありえます。

(2) 契約書のドラフト，レビュー

契約書のドラフト，レビューについては，当該契約が関連する事業等を所管する部署と法務部門とで役割分担をしつつ，内製化している会社が多いのではないかと思われます。外部の法律事務所の起用方法も，このような各社の実情に応じて，社内リソースによる対応能力を補完する方向で考えていくことになるでしょう。1で見たように証券会社・アセットマネジメント会社の業務範囲は広汎に及ぶ上，法務部門としては，フロント部署の事業のみならず社内の内部管理に関連した契約書にも対応する必要があります。そのため，たとえば，自部署のリソースのみでの対応が難しい分野を中心として外部の法律事務所を起用することも考えられますし，また分野にかかわらず，法務部門で対応することが難しい論点を中心に契約のドラフト，レビューを依頼する方法もありうるところです。加えて，ボリュームが非常に大きくなりがちな分野の契約を中心に外部の法律事務所に依頼することも考えられます。たとえば，ストラクチャードファイナンスの取引に関する契約などは，一つの取引が多数の契約から構成される上，取引のスケジュールから短時間でのドラフト・レビューが求められることが通常です。また，取引の性格上，ドラフトにも精密なものが求められます。そのような分野の取引については，膨大になりうるドラフト・レ

ビューは外部の法律事務所に依頼し，法務部門が関与する場合には，会社としての要望を正確に法律事務所に伝えることや社内調整などに注力するという対応も考えられるところです。

(3) 訴訟・紛争対応

訴訟，紛争対応については，近年では社内弁護士が代理人として対応を行うことも増えてきています。一方で，大半の場合には，外部の法律事務所に所属する弁護士を代理人として起用することが通常でしょう。外部の法律事務所には，訴訟・紛争対応，訴訟戦略の立案等の全般を扱ってもらうことになります。一方，法務部門としては，対応方針についての社内調整，社内報告等を行うとともに，外部の法律事務所との方針の調整，訴訟管理全般を扱うことになります。

(4) 各種海外対応

以上，日本国内の問題であることを前提に，外部の法律事務所との連携方法を見てきました。一方，グローバル展開を行っている日系の証券会社・アセットマネジメント会社の場合には，海外拠点での法律問題や海外での紛争・訴訟・当局対応などについても日本の本社で対応しなければならない場面が考えられます。この場合，海外拠点で対応すべき性質の問題であれば，外部の法律事務所との関係も含めて，一義的には海外拠点の法務部門での対応を指示することになると思われます。

また，本社として主体的に対応すべき重要な問題である場合など，独自に外部の法律事務所を起用すべき場合もありえます。また，海外拠点と関係なく，日本本社の業務の一環として外国法を扱うために現地の法律事務所を起用する必要が生じることもあります。このような場合，日系の法律事務所または外資系法律事務所の日本オフィスを通じて，現地法の弁護士と連携するか，現地法の弁護士と直接のコンタクトがある場合には直接連携することもありえます。どちらの方法がよいかは，法務部員の英語力なども含めたリソースにも影響されますので，一概にはいえません。もっとも，現地法の問題の他に日本法の問題も同時に検討する必要がある案件の場合には，日本の法律事務所にも関与してもらうことになると思われますし，証券・アセットマネジメント分野ではあまり新興国の法務が問題となることは多くありませんが，新興国における法律問題など，現地の弁護士の効率的な業務管理の観点から日本法が関連しない場合にも日本の弁護士に関与させることが有益な場合もありえます。

(5)　他の業界との違い

証券会社・アセットマネジメント会社の法務についても，特に他の業界の法務部門における外部の法律事務所との関係と大きく異なる点はないと思われます。もっとも，カバーすべき分野が広く，それぞれ専門性が高くなりがちですので，分野ごとに起用すべき法律事務所，弁護士を分ける必要性は高くなります。

Q10 金融庁・業界団体との関係

証券会社・アセットマネジメント会社の法務部門に配属されました。金融庁，業界団体等とどのように連携するのでしょうか。また留意点などはありますか。

A

法務部門が金融庁等の規制当局，自主規制機関や業界団体等と連携することは，特に日系の証券会社・アセットマネジメント会社では一般的には行われていません。経営企画部門やコンプライアンス部門が中心的に対応し，法務部門としては必要に応じてこれらの部門をサポートすることが考えられます。海外規制当局との関係では，弁護士秘匿特権の利用なども法務部門で検討するとよいでしょう。

1．証券会社・アセットマネジメント会社に関連する規制当局・業界団体等

証券会社・アセットマネジメント会社は，規制業種であり，規制当局による監督を受けるほか，自主規制機関も存在します。それぞれどのような組織があるか見てみましょう。

(1) 規制当局

わが国においては，金商業者である証券会社・アセットマネジメント会社に対して金融庁が監督権限を有しています。また，金融機関に対する監督・検査の態勢は現在変革の途上にありますが，金商業者に対する検査を担う証券取引等監視委員会も重要な規制当局となります。これに加えて，グローバル展開を行っている証券会社・アセットマネジメント会社や外資系証券会社・アセットマネジメント会社の場合，海外拠点（現地法人）または本社の規制当局として米国Securities and Exchange Commission（U.S. SEC），英国Financial Conduct Authority（FCA）など各国の金融・証券規制当局の監督を受けることになります。

(2) 自主規制機関

続いて，自主規制機関として，日本証券業協会，各証券取引所，日本取引所

自主規制法人，第二種金融商品取引業協会，投資顧問業協会，金融先物取引業協会などが存在します。これらの組織は，認可金融商品取引業協会（金商法67条），認定金融商品取引業協会（同法78条），金融商品取引所ないし金融商品取引所から自主規制業務の委託を受けた法人（同法84条・85条）として，それぞれ金融商品取引法上の自主規制機関であり，これらの組織の自主規制規則は，法令上の根拠に基づいて制定されています。また，日本銀行と当座預金取引を行っている証券会社については，考査契約に基づき日本銀行からの考査を受けることがあります。海外においても，自主規制機関は存在し，一例として，米国の金融業の自主規制機関としてFinancial Industry Regulatory Authority（FINRA）があり，米国のすべての証券会社が加盟しています。

(3)　業界団体

自主規制機関である日本証券業協会，投資顧問業協会等は，業界団体としての性格も有しますが，これらのほかにデリバティブに関するInternational Swaps and Derivatives Association（ISDA），資本市場に関するInternational Capital Market Association（ICMA），オルタナティブ投資に関するAlternative Investment Management Association（AIMA）などの業界団体があります。たとえば，ISDAはあくまでもデリバティブ取引を行う金融機関を中心とする民間団体ではありますが，そのルールは事実上業界のデファクトスタンダードとして機能するなど強い存在感があります。

2．規制当局，自主規制機関および業界団体等との連携方法

1にて，証券会社・アセットマネジメント会社に関連する規制当局，自主規制機関や業界団体について概観しました。それでは法務部門としては，これらの各組織とどのように関わっていくのでしょうか。

(1)　規制当局・自主規制機関

まず，日系の証券会社・アセットマネジメント会社を中心に，わが国の規制当局・自主規制機関と法務部門が独自に連携することは一般的ではありません。会社の事業方針等に関連する問題であれば経営企画部門が，法令遵守上の問題対応等であればコンプライアンス部門が中心となって規制当局・自主規制機関に対応することが通常の実務と思われます。証券取引等監視委員会による証券

検査に対する対応についても，経営企画ないしコンプライアンス部門が事務局として対応し，法務部門が前面に出る機会は少ないものと思われます。法務部門としては，会社が法令上の問題に関して規制当局・自主規制機関との協議を検討する際に，他部署が中心となって行う協議を法的な側面からサポートするといった対応が考えられます。たとえば，法令上の解釈が不明確であり，当局の見解を確認する必要が生じた場合においては，適宜外部の法律事務所とも連携しつつ自社の見解を書面化して当局に提出することも考えられます。

また，海外の規制当局との関係でも，日常的なコミュニケーションについては，海外拠点のコンプライアンス部門が中心となることが多いようです。これに対して，規制当局から何らかの問題を指摘されて対応しなければならない有事の場面においては，海外拠点の法務部門が対応の中心となることが考えられます。この場合，本社の法務部門としても，海外拠点の法務部門と連携して海外規制当局への対応を行うことが考えられます。海外規制当局との直接の対応を行うのは海外拠点が中心となる一方で，本社としての社内調整や方針策定，他の規制当局との調整の要否の検討といった問題については，本社の法務部門として対応することが求められることが考えられます。

なお，海外規制当局との交渉，対応については，弁護士秘匿特権などに留意しながら行うことが重要です。規制当局から何らかの事案に関連する資料の提出を求められることがありますが，英米を中心に，依頼者が弁護士と相談した内容などについては当局に対する開示義務を免れる権利が認められています。海外規制当局との間で何らかの問題が生じた場合には，この権利も活用しながら自社にとって有利な交渉を実現していくことも法務部門の役割となります。なお，弁護士秘匿特権については，当該国の弁護士に限らず，日本資格を含めた外国資格の弁護士との関係でも認められるのが通常です。しかしながら，弁護士秘匿特権が認められる具体的な範囲等については，現地法に基づいた複雑な議論が存在するため，現地法の弁護士の見解を確認することが必須となります。

⑵　業界団体

それでは業界団体との関係はどうでしょうか。日本証券業協会等の自主規制機関も業界団体としての性格を有していますが，証券業界・資産運用業界の業界としての活動は，経営企画部門やフロント部署の中の企画部署が担うことが通常であり，やはり法務部門が関与することは一般的ではないように思われます。これに対して，ISDAのような業界団体の場合には，関連する分野の法規制の問題を法務部門で扱っているのであれば，法務部門が日常的に連携することも考えられるでしょう。定期的な総会等が開催されるほか，各種ワーキンググループ等も存在しますが，前述のとおり，民間団体ではあるものの店頭デリバティブ取引の実務に非常に強い影響力を有していますので，特に法令改正への対応が問題となる際には，最新の情報等を入手するために重要な存在となります。

7 広がるインハウス法務の関与

Q11 フィデューシャリー・デューティー

当社は「顧客本位の業務運営に関する原則（フィデューシャリー・デューティー宣言）」を策定し公表していますが，この原則について法務部門やコンプライアンス部門はどのように関与していくべきでしょうか？

A

法務部門やコンプライアンス部門も，当事者意識（オーナーシップ）を持って，営業部門や運用部門，企画部門などを巻き込んで，フィデューシャリー・デューティーへの対応を検討すべきです。

1．法律上の整理

フィデューシャリー・デューティーとは，英米信託法に由来する用語であり，信認を受けた者（受託者）が委託者および受益者に対し最善を尽くすべき義務のことをいいます。日本語では受託者責任とも訳されます。

弁護士や医者など，高度に専門的な知識・能力を必要とする職業に就いている者は，依頼者や患者などのために，専門家として高度の注意義務を負い，最善を尽くさなければならないとされています。

これは金融機関にも当てはまるとされ，金融機関は，資産を預けている顧客に対し，利益を最大限にすることを目標に，利益に反する行為を行ってはならないという意味になります。

金商法は，36条において顧客に対する誠実義務を規定しています。すなわち，「金融商品取引業者等並びにその役員及び使用人は，顧客に対して誠実かつ公正に，その業務を遂行しなければならない。」と規定しています。この規定は，金商法上においてフィデューシャリー・デューティーの概念を表現した規定といえるでしょう。

「フィデューシャリー・デューティー」という言葉は，2014年に金融庁が

「平成26事務年度金融モニタリング基本方針」の中で初めて扱ったこと（https://www.fsa.go.jp/news/26/20140911-1.html）で話題となりました。さらに金融庁は，2017年に「顧客本位の業務運営に関する原則」を公表し，金融事業者に対して，本原則を採択する場合には，顧客本位の業務運営を実現するための明確な方針を策定し，当該方針に基づいて業務運営を行うことを求めました（https://www.fsa.go.jp/news/28/20170330-1.html）。

具体的には，顧客本位の業務運営を実現するための明確な方針を策定・公表した上で，当該方針に係る取組状況を定期的に公表するとともに，当該方針を定期的に見直すことを求めました。また，当該方針には，原則を実施する場合にはその対応方針を，実施しない場合にはその理由や代替策を，わかりやすい表現で盛り込むことを求めました（いわゆるコンプライ・オア・エクスプレイン）。

2．実務上の留意点

(1)　法務部門やコンプライアンス部門も当事者意識を持つ

前述したとおり，フィデューシャリー・デューティーとは，顧客に対する義務であり，金融事業者としては，ともすると営業部門や運用部門，企画部門などが対応すべき事項であるようにも思えます。このため，金融事業者の法務部門やコンプライアンス部門の中には，これを他人事と捉え，営業部門や運用部門，企画部門などに対応を全面的に任せっきりにしている会社もあるかもしれません。

しかしながら，前述のとおり，フィデューシャリー・デューティーとは，英米信託法に由来する概念であり，法的な義務でもあります。フィデューシャリー・デューティーの概念は非常に曖昧なためフィデューシャリー・デューティー違反の法令違反が即座に認められることは難しいとしても，たとえば，将来的には，顧客が何らかの損失を被った場合に，適合性原則違反（金商法40条）や説明義務違反（同法37条の3，業府令117条1項1号）のみならず，フィデューシャリー・デューティー違反をも主張して損害賠償請求してくることもあるかもしれません。

したがって，法務部門やコンプライアンス部門も，当事者意識（オーナーシップ）を持って，フィデューシャリー・デューティーへの対応を検討すべきです。ときには，自ら旗振りを行い，営業部門や運用部門，企画部門などを巻き込んでいくことも必要でしょう。

(2) 実施できることを織り込む

前述の金融庁が公表した「顧客本位の業務運営に関する原則」には，「原則1 顧客本位の業務運営に関する方針の策定・公表等」のほか，以下の事項が定められています。

原則2 顧客の最善の利益の追求
原則3 利益相反の適切な管理
原則4 手数料等の明確化
原則5 重要な情報の分かりやすい提供
原則6 顧客にふさわしいサービスの提供
原則7 従業員に対する適切な動機づけの枠組み等

顧客本位の業務運営を実現するための明確な方針（会社によっては，この方針のことを「フィデューシャリー・デューティー宣言」と呼んでいます）を策定するにあたっては，営業部門や運用部門，企画部門などが，自社は顧客本位の業務運営を行っていることを必死にアピールすべく，対外的に聞こえのいい，見栄えのいい，美辞麗句の並んだ素晴らしい方針を策定しようとする傾向もなきにしも非ずです。

しかしながら，実施もしていない，あるいは実施もできないであろう事項を織り込むことは正しくありません。文字面だけ顧客本位の業務運営を謳っておきながら，実際の営業現場では正反対のことが行われているということがあってはなりません。

たとえば，複雑またはリスクの高い金融商品の販売・推奨等を行う場合や，金融取引被害を受けやすい属性の顧客グループに対して商品の販売・推奨等を行う場合には，商品や顧客の属性に応じ，当該商品の販売・推奨等が適当かより慎重に審査すると，フィデューシャリー・デューティー宣言において高らかに宣言しておきながら，現実には，高齢者に対する通貨選択型や二階建型の投資信託の販売額が突出しているような金融事業者に対しては，かかる宣言を本気で実行する気があるのか否か問われることとなるでしょう。

法務部門やコンプライアンス部門としては，地味で地道でも現実的に実施する，または実施できることを盛り込むようにすべきです。

顧客本位の業務運営を実現することは，日々の業務の中で当たり前のことになっていて，あらためて方針（宣言）を策定したからといって，日々の業務に何らかの影響があるのかわかりにくいかもしれません。しかし，方針（宣言）という形で明文化・見える化することにより，役職員が常日頃参照する指針になります。また，外部者・第三者の視点を入れるという意味で，社外委員からなるフィデューシャリー・デューティー委員会を組織し，顧客本位の業務運営をよりよく実現するための，感想や意見，提案を求めるのもよいかもしれません。

(3) 実施していることを対外的にアピールする

さらに，フィデューシャリー・デューティーに係る取組状況を定期的に公表することについても，法務部門やコンプライアンス部門も当事者意識（オーナーシップ）を持って旗振りに努めるべきです。

せっかくフィデューシャリー・デューティーに係る素晴らしい取組みを実施しているにもかかわらず，それを公表しないのでは，顧客などからそれらの取組みが見えません。対外的に公表することで，自社が顧客本位の業務運営を行っていることや，少なくともそれを念頭に置いて事業活動を行っていることを，積極的にアピールすべきでしょう。

自社は顧客本位の業務運営を実現できていないと心の底で思っている担当者であればあるほど，フィデューシャリー・デューティーに係る取組状況を公表することを躊躇しがちです。

しかし，どのような事項を公表するのかを検討する過程を経ることによって，自社のどこが顧客本位になっていないのかを，あらためて見直す機会になるはずです。法務部門やコンプライアンス部門としては，営業部門や運用部門，企画部門などを叱咤激励しながら，自社の業務運営が少しでもより顧客本位となっていくよう，旗振りに努めるべきでしょう。

第 2 章 ▶▶

セルサイド

1　一種業者・二種業者のビジネスモデル

Q12　第一種金融商品取引業者のビジネス

当社は，第一種金融商品取引業のライセンスで業務を行っています。第一種金融商品取引業者はどのようなビジネスを行うことができるのでしょうか？

A

第一種金融商品取引業者は，プライマリーマーケットにおける企業の資金調達の支援，M&Aアドバイザリー，セカンダリーマーケットでの機関投資家を対象としたホールセール業務，一般投資家を主な対象とするリテール業務など広範なビジネスを行うことが可能です。

1．第一種金融商品取引業の業務範囲

第一種金融商品取引業者が金商法上行うことができる業務は，第一種金融商品取引業（同法28条1項）ならびにその付随業務，届出業務および承認業務となります（同法35条）。

まず，第一種金融商品取引業とは，第一項有価証券についての有価証券の売買・市場デリバティブ取引等（同法2条8項1号），有価証券の売買・市場デリバティブ取引等の媒介，取次ぎまたは代理（同項2号），有価証券の売買・市場デリバティブ取引等の委託の媒介，取次ぎまたは代理（同項3号），店頭デリバティブ取引とその媒介，取次または代理（同項4号），有価証券等清算取次ぎ（同項5号），有価証券の引受け（同項6号），有価証券の売出し等（同項8号），有価証券の募集・私募・売出し等の取扱い（同項9号），PTS（同項10号，Q23参照）および金銭・有価証券の預託を受ける行為もしくは社債等振替行為（同項16号・17号）を指します。第一項有価証券は，株券，国債証券，社債券，投資信託受益証券など同法2条1項各号に列挙された有価証券および有価証券表示権利（同条2項柱書）をいいますが，第一種金融商品取引業では，株券等

の第一項有価証券を取り扱うことができます。

また，第一種金融商品取引業者は，付随業務を行うことができ，金融庁長官（同法194条の7により，内閣総理大臣から権限を委任されています）への届出により届出業務を，同じく承認を得ることにより承認業務を行うことができます。付随業務には，有価証券の貸借（同法35条1項1号），有価証券に関する情報の提供または助言（同項8号），M&Aの仲介業務（同項11号），譲渡性預金その他金銭債権の売買またはその媒介，取次ぎもしくは代理（同項14号）などが含まれます。届出業務には，貸金業その他金銭の貸付け等に係る業務（同条2項3号），組合契約・匿名組合契約・貸出参加契約の締結またはその媒介，取次ぎもしくは代理（同項7号，業府令68条2号～4号），信託契約代理業（同条11号），資金移動業（同条23号）などが含まれています。

2．具体的な業務

以上のように，第一種金融商品取引業者は，株券，債券等に関し広範な業務を行うことができますが，第一種金融商品取引業者が具体的に行う業務としては次のようなものが挙げられます。

(1)　プライマリーマーケット・投資銀行関連

プライマリーマーケット（発行市場）に関連して，第一種金融商品取引業者は，まず株式や社債券などの募集，売出しを中心とする業務を扱っています。発行体企業の新規上場，株式公開を伴うIPO（イニシャル・パブリック・オファリング）と上場後のPO（パブリック・オファリング，公募）とがありますが，いずれもキャピタルマーケットにおける企業の資金調達を支える業務となります。また，投資銀行業務の一環として，M&Aのアドバイザリー業務を行っており，国内の各種M&Aのほか，今日ではクロスボーダーのM&Aに関するアドバイザリー業務も活発に行われています。加えて，ストラクチャードファイナンスや不動産証券化などの手法を用いた企業等の資金調達に関連する業務も扱われます。

(2)　セカンダリーマーケット・市場業務関連

一方，セカンダリーマーケット（流通市場）に関連するものとして，国内外の機関投資家を対象とした，いわゆるホールセール業務があります。対象となる商品は多岐に及び，株式，債券などの有価証券やデリバティブ取引を含みますが，大きくエクイティ（株式等）とフィクストインカム（債券等）（Q24参照）の２つに分かれます。これらに関して，それぞれ機関投資家への販売業務（セールス）や証券会社の自己勘定での売買（トレーディング），証券化商品などの開発・組成（ストラクチャリング）といった業務が存在します。そして，扱われる商品もエクイティでも株式のほかエクイティデリバティブ取引などがあり，フィクストインカムでは，信用リスクを内包する各種クレジット商品（社債，貸出債権，CP，証券化商品，クレジットデリバティブ）や為替，金利などが含まれます。また，これらのビジネスを支える重要なものとして，金融工学の発展に伴うデリバティブ評価モデルの開発やアルゴリズム取引，高速取引のプログラムの開発などもホールセール業務を扱う市場部門において行われます。

(3)　リテール業務

さらに，第一種金融商品取引業者は，機関投資家以外の一般投資家である顧客への株式，債券，投資信託や貯蓄性保険の販売に関する業務も行っています。アセットマネジメント会社が組成を行う公募の投資信託や生損保が引き受ける保険商品を，一般投資家に販売する販売会社，保険代理店としての役割を担うことになります。また，不動産売買の紹介や遺言執行における信託代理店業務など個人顧客に関連した幅広い金融サービスも扱われます。

(4)　リサーチ

以上の各ビジネスとも関連する第一種金融商品取引業者の業務として，リサーチ業務があります。証券アナリスト（いわゆるセルサイドアナリスト）やエコノミストが株式各銘柄のリサーチや各国のマクロ経済，金融市場等の分析を行い，顧客向けのレポートの作成・公表，プレゼンテーションなどを行っています。

Q13 第二種金融商品取引業者のビジネス

当社は，第二種金融商品取引業のライセンスで業務を行っています。第二種金融商品取引業者はどのようなビジネスを行うことができるのでしょうか。

第二種金融商品取引業者は，ファンドの自己募集等の業務，第二項有価証券の売買等の業務，金利・通貨デリバティブ取引等を行うことができ，ファンド持分や信託受益権の販売などのビジネスを行っています。また，金商業以外のビジネスも扱うことが可能です。

1．第二種金融商品取引業の業務範囲

第二種金融商品取引業者が金商法上行うことができる業務は，第二種金融商品取引業（同法28条２項）ですが，ファンド持分（集団投資スキーム持分）等の自己募集・自己私募，第二項有価証券の売買等，金利・通貨デリバティブ取引等，自己募集・自己私募を行った委託者指図型投資信託受益証券等の転売を目的としない買取りが含まれます。

ここで，第二項有価証券とは，信託受益権，外国信託受益権，合名会社・合資会社の一定の社員権，合同会社の社員権，合名・合資・合同会社に相当する外国法人の社員権，集団投資スキーム持分，外国集団投資スキーム持分，電子記録債権等のことを指します（同法２条２項）。いずれも第一項有価証券と比べて，一般に流通性が乏しいものとされています。

なお，第二種金融商品取引業または投資助言・代理業のみを行う金融商品取引業者については，第一種金融商品取引業者，投資運用業者と異なり，兼業規制が課されないこととされています（同法35条の２第１項）。そのため，第二種金融商品取引業者については，付随業務，届出業務といった業務類型は金商法上規定されていませんが，第二種金融商品取引業以外の業務も（各法令で当該業務に必要とされる登録，届出等がある場合には，それらを行えば）自由に行うことができます。

2．具体的な業務

以上のように，第二種金融商品取引業者の業務は，第一種金融商品取引業者に比べて範囲が限られています。有価証券の売買等については，行為としては第一種金融商品取引業者とさほど変わりませんが，対象となる有価証券が第二項有価証券に限られており，ビジネスとして扱える商品が非常に限定されることになります。

(1)　ファンド持分等の販売業務

第二種金融商品取引業者は，いわゆるファンド持分（集団投資スキーム持分）の組成，投資家への販売を行うことができます。集団投資スキーム持分の範囲については，金商法2条2項5号に列挙されており，民法上の組合契約，商法上の匿名組合契約，投資事業有限責任組合契約または有限責任事業組合契約に基づく権利や社団法人の権利等が該当します。また，外国の法令に基づく権利であってこれらに類するものも外国集団投資スキーム持分として第二種金融商品取引業者が扱うことが認められています。ファンドの対象となる事業の種類・内容には特に制限がないことから，ラーメンファンド，アイドルファンド，映画ファンドといったものも集団投資スキーム持分として，投資家に販売することができます。

なお，上記のとおり，集団投資スキーム持分は，組合型のファンドの持分となります。一般に「ファンド」と呼ばれるものであっても，信託型の投資信託の受益証券や会社型の投資法人の投資証券については，第一項有価証券に該当する（同条1項10号・11号）ことから，第二種金融商品取引業者が投資家に販売することは認められません。また，第二種金融商品取引業者が海外のファンド持分を日本国内で販売する際には，当該ファンドが第二種金融商品取引業の登録のみで販売することができる外国集団投資スキームにあたるのか，あるいは第一種金融商品取引業者でなければ取り扱うことができない外国投資信託や外国投資法人にあたるのか，ファンドのスキーム，ビークルの法的性質などを分析して検討する必要が生じます。

(2)　信託受益権の販売業務

信託受益権の販売業務も第二種金融商品取引業者の主要なビジネスです。信託受益権（金商法２条２項１号）については，第二種金融商品取引業者のビジネスとして取扱いが多いものに，不動産を信託財産とする不動産信託受益権が挙げられます。投資用の不動産を中心に，現物の不動産として取引を行うのではなく信託銀行に委託した上で，不動産信託受益権として取引を行うことが一般化しました。信託受益権としての取引の場合，不動産取得税が非課税となり，登記に係る登録免許税も軽減されるといったメリットがあることなどが背景です。もっとも，現物の不動産であれば宅地建物取引業者が売買に関与することになりますが，信託受益権化されると有価証券となりますので，第二種金融商品取引業の登録がなければその売買等を扱うことはできないこととなります。そのため，信託受益権とりわけ不動産信託受益権の販売が第二種金融商品取引業者のビジネスとして大きな位置を占めるものとなっています。

(3)　クラウドファンディング

以上のほか，クラウドファンディングも第二種金融商品取引業者のビジネスとして挙げられます。クラウドファンディングとは，資金需要者と資金提供者とをインターネット上でマッチングする仕組み，サービスをいいますが，現行法の規制の下では投資型および貸付型のクラウドファンディングが主に利用されています。資金提供者が資金需要者に直接出資する投資型では，通常，株式かファンド持分を通じて出資を行います。クラウドファンディング業者は，株式またはファンド持分の募集・私募の取扱いを行うことになるところ，株式では第一種金融商品取引業の登録が必要ですが，ファンド持分の場合には第二種金融商品取引業で扱うことができます。なお，発行者の資金調達額が年間１億円未満，投資家が投資できる額を同一の会社につき年間に50万円以下との少額要件を満たし，インターネットでの募集のみを行うといった一定の要件を満たす場合，第一種または第二種少額電子募集取扱業者として登録要件が緩和されることになります。また，資金提供者がいったんファンドに出資し，ファンドが貸金業として資金需要者に資金を供給する貸付型においては，匿名組合契約を用いたファンドを利用することが一般的です。この場合，クラウドファンディング業者は，ファンド持分の自己募集または募集・私募の取扱いを行うこととなります。

2　代表的な業務

1．M＆A

Q14　M＆A

M&Aアドバイザリー担当部署からの相談に対応することになりました。証券会社はM&Aにおいてどのような役割を担っていますか。また，法的にどのような点に留意すればよいのでしょうか。

A

証券会社は，クライアント企業のファイナンシャル・アドバイザー（FA）として，M&Aにおける助言業務を行っています。FAは，売り手側につく場合は売り手の利益を最大化するために努力し，買い手側につく場合は買い手の利益を最大化するために努力する役割を担っており，取引相手方の探索や選定支援のほか企業価値評価や相手方との交渉支援などを行います。上場企業や大企業のM&Aやクロスボーダー M&Aでは，FAを付けるのが一般的です。

証券会社がFAを行うにあたっては，クライアント以外のM&A関連当事者への関与による利益相反，特に大きな金融グループを構成する証券会社の場合はグループ内での利益相反に留意する必要があります。

1．M&A における証券会社の役割

M&Aとは，Mergers（合併）and Acquisitions（買収）の略で，企業の合併買収のことをいいますが，広義には，会社分割や提携なども含まれます。

証券会社は，企業がM&Aを行う場合に，ファイナンシャル・アドバイザー（FA）として当該企業に対しM&Aの助言業務を行います。FAの業務は多岐にわたり，M&Aの検討段階においては，買い手側（バイサイド）では，クライアントである企業の成長戦略に適した買収ターゲットを発掘し，また，売り手側（セルサイド）では，戦略的な選択と集中のための事業売却の実現のため，買収候補先の探索および買収候補先に対して実際にアプローチをします。また，

M&Aの取引実行段階では，M&A案件全体の推進・管理，取引スキームの検討，企業価値算定の実施，デューデリジェンスの統括，条件交渉の支援，開示資料等の作成支援等も担います。

FA業務自体には業規制はなく，原則として誰でもFA業務を行うことができるため，証券会社のほかに，銀行・会計事務所・独立系ブティック企業等もFA業務を行っていますが，第一種金融商品取引業者および投資運用業者の業規制に服する証券会社は，金商法35条１項11号「他の事業者の事業の譲渡，合併，会社の分割，株式交換若しくは株式移転に関する相談に応じ，又はこれらに関し仲介を行うこと」または12号「他の事業者の経営に関する相談に応じること」に該当する付随業務としてFA業務を行っています。

日本の中小企業同士のM&Aでは，独自のFAを付けることは少なく，売り手と買い手の双方を仲介する業者を介して行うことが一般的ですが，上場企業その他の大企業のM&Aやクロスボーダー M&Aでは，重要な経営判断を伴うM&Aにおいて経営陣が株主への説明責任を果たすべく，自社の企業価値を最大化するため財務の専門家であるFAを付けるのが一般的です。

さらに，上場企業の買収などにおいて公開買付けが必要となる場合においては，公開買付代理人業務も証券会社が担っています。

２．M&A に係る業務を行う際の証券会社の法務的な留意点

M&Aアドバイザリー業務を遂行する上で，法務的に検討を要する事項は数多くあり，そのすべてを網羅することはできませんが，たとえば以下のような点がよく問題になります。

(1)　クロスボーダー M&Aにおける現地法上のライセンスの要否

日本法上は，前述のとおり，M&AのFA業務を提供することについてライセンスを要しませんが，海外の法令上，M&Aに係るアドバイザリー業務や公開買付代理人業務を行うことが，現地法に基づくライセンスを要する行為に該当する場合があります。クロスボーダー M&AのFA業務を常時行い現地拠点もあるような証券会社であれば，主要な国におけるM&Aに係るライセンス規制を概ね整理済みであり当該整理に従って行えば足りる場合もありますが，普段取り扱わない国における規制が問題となる場合や，具体的にどのようなケー

スでどこまでの行為がライセンスなく許容されるかなど詳細を詰めていく必要がある場合等では，現地法ごとに定めや解釈が異なるため，個別事案に応じて現地法令を確認する必要が生じる場合もあります。

(2)　利益相反管理体制の整備

金融機関の提供するサービスの多様化や，世界的な金融コングロマリット化の進展に伴い，金融機関内または金融グループ内において，競合・対立する複数の利益が存在し，利益相反が発生するおそれが高まっている状況を踏まえ，証券会社においても，顧客の利益が不当に害されることのないよう，各証券会社およびそのグループ会社の業務の内容・特性・規模等に応じ，利益相反のおそれのある取引を管理することが求められています（金商法36条2項，監督指針Ⅳ-1-3等）。

また，M&AにおけるFA業務の提供は，民法上の委任と解されるところ，顧客と利益相反のある業務を受託することにより委任者に損害を被らせた場合には，受任者の善管注意義務違反として責任追及される可能性があると考えられます。

M&AにおけるFAは，クライアントの利益の最大化を図るため，同じ案件において取引の相手方にもFA業務を提供することはできないと一般に考えられますが，たとえば，当該相手方に対して別の案件でサービスを提供している場合はどうか，相手方ではなく別の関連当事者にサービスを提供している場合はどうか，また，証券会社自身でなくグループ会社がサービスを提供している場合はどうかなど，特に関連当事者が多いM&Aにおいては，個別事情ごとに利益相反関係が錯綜するケースも出てきます。このような場合において，誰と誰との利益が相反するのかを整理し，それぞれの利益相反関係への手当として，そもそもFAに就くことを認めないとするか，一定の条件（たとえば，顧客から同意をとる，チームを分ける，情報遮断措置をとるなど）をもってFAに就くことを許容できるか，など，証券会社としての適切な利益相反管理体制を構築するにあたり，法務面でのサポートが必要になることがあります。

(3)　提案スキームの法的検討のサポート

M&Aの初期段階では，証券会社が顧客に対して資本再構成や買収スキームの提案を行うことがありますが，この段階では顧客が独自のリーガルアドバイザーを選定していないことも多いため，証券会社にて大まかな法的な問題点を洗い出し検討した上でスキームを提案することがあります。この際に，法務部がスキーム提案にあたっての法的論点整理につきサポートをすることもあります。ただし，この場合は，あくまで証券会社自身ではなく，顧客の法律問題となるため，弁護士法の観点から証券会社が顧客に対して法的アドバイスを提供したと解されないよう留意するとともに，最終的には顧客側のリーガルアドバイザーに確認されるよう付言するほうがよいと思われます。

(4)　スクイーズアウト案件における株式価格決定申立て

MBOなどで上場会社を非上場化するケースにおいては，公開買付けで一般株主から株式を買い集めた後，株式等売渡請求または株式併合などの手法を用い，金銭を対価として少数株主を排除することがあり，この場合，少数株主からかかる対価が不当であるとして価格決定申立てがなされることがあります。

この点，ジュピターテレコム最高裁決定（最決平28・7・1民集70巻6号1445頁）において，公開買付けの手続が公正と認められる限り，その後のスクイーズアウトの際の価格も特段の事情がない限り公開買付価格と同額とすべきと判断されたため，FAを務める証券会社にとっては公開買付価格以外の価格が決定される可能性は低くなった状況といえますが，価格決定申立事件において，直接の当事者とはならないものの株式価値算定書の提出を求められるなどの関与を余儀なくされるため，株式価値算定書を作成する際にはそのような紛争が生じうることも考慮に入れてディスクレーマーを定めるなどの法務面からのサポートが必要になることが多くあります。

2．オファリングの引受け

Q15　募集・売出しの引受け

キャピタルマーケット担当部署から当社の顧客の有価証券の募集および売出し業務の相談を受けることになりました。有価証券の募集および売出しはどのような流れで行われているのでしょうか。また，どのような法規制に注意すればよいのでしょうか。

A

キャピタルマーケット担当部署は有価証券の募集・売出しに係る引受けを担当する部署です。証券会社は単独または複数で引受けを行い，複数の場合は主幹事証券会社が取りまとめをします。実務的な流れとしては，オファリング・ストラクチャー（募集・売出しの形態）の決定，デューディリジェンス（引受審査・株価審査），ドキュメンテーション（有価証券届出書や引受契約書等）等の準備を経て，発行会社で発行決議がなされ，有価証券届出書の提出・適時開示，条件決定，引受契約等の締結後，投資家による申込み，払込みおよび受渡しが行われます。主な法規制としては金融商品取引法上の開示規制や届出前勧誘の禁止，金融商品取引所の適時開示，日本証券業協会（以下「日証協」といいます）の自主規制規則等があります。

1．有価証券の募集・売出し

(1)　有価証券の募集・売出し

有価証券の募集および売出しは，合わせてPublic Offering（PO。パブリック・オファリング）と呼ばれ，上場企業が新たに発行する有価証券や既に発行された有価証券を投資家に取得させることをいいます。

「募集」とは，新たに発行される有価証券の取得の申込みの勧誘であって，金商法２条３項各号に定める要件に該当するものをいい，「売出し」とは，既に発行された有価証券の売付けの申込みまたはその買付けの申込みの勧誘で，第一項有価証券の場合には50名以上の者を相手方として行うものをいいます。

資金調達にはさまざまな方法がありますが，幅広く投資家を募る場合には有価証券の募集・売出しの方法が用いられます。また，募集・売出しの対象となる有価証券にもさまざまなものがあり，有価証券の種類によっても募集・売出しの方法は異なりますが，ここでは主に株式の国内募集・売出しを念頭に置いて説明します。

(2)　募集・売出しの流れ

まず，発行をすることが内定すると，引受証券会社（そのなかで日程調整や事務全般を発行会社とともに行う主幹事証券会社）を決め，関係者（監査法人，貸株人，払込取扱銀行，証券代行等）が選定されます。また，主幹事となる引受会社を中心に株価審査や引受審査が行われ，監査法人にはコンフォート・レター（Q22参照）の作成を依頼します。さらに，有価証券届出書および目論見書等の法定書類，取引所提出書類およびプレスリリースの作成，引受契約書や引受団契約書その他の契約書の作成，財務局への事前相談，取引所への事前相談，機関投資家ロードショー対応等を経て，発行会社において発行決議および有価証券届出書や適時開示（プレスリリース）等が行われます。その後，ブックビルディング方式（需要積み上げ方式とも呼ばれ，引受証券会社が投資家に仮条件を提示して投資家にどれくらい買いたいかという需要申告をしてもらうことで需要を把握し条件を決定する方法）により市場および需要動向を勘案して発行価格等の条件決定がなされます。条件決定のタイミングで引受契約その他の関連契約が締結され，これらの契約に基づき払込みおよび受渡しが行われるのが一般的な流れです。

2．主な法規制

(1)　金商法

発行価額または売出価額の総額が１億円以上の有価証券の募集または売出しを行う場合には，原則として，有価証券の発行者は有価証券届出書（発行登録制度では発行登録書および発行登録追補書類）を提出しなければなりません（金商法５条）。そして，内閣総理大臣が有価証券届出書を受理した日から15日を経過した日に届出の効力が生じるところ（同法８条１項），届出の効力が生じるまでは，勧誘によって投資者に有価証券を取得させまたは売り付けることができません（同法15条１項）。また，有価証券の発行者，売出人，引受人，金商業者，登録金融機関または金融商品仲介業者は，届出を要する有価証券の募集または売出しおよび既に開示が行われている有価証券の１億円以上の売出しにより，有価証券を取得させ，または売り付ける場合には，一定の場合を除き，目論見書を予めまたは同時に交付しなければなりません（同条２項）。そのほか，有価証券の募集または売出しであっても，発行価額または売出価額の総額が１億円未満のもの，その有価証券に関し既に開示が行われているもの等については，有価証券届出書等の提出が免除されていますが，この場合でも，届出等を要しない有価証券の募集等の実態を把握して有価証券届出書等の提出義務の回避を防止するため有価証券通知書の提出が求められています（同法４条６項）。

また，海外における有価証券の募集または売出し，私募の有価証券の発行，募集または売出しによる親会社または特定子会社の異動や主要株主の異動などの場合には，臨時報告書の提出が必要です（同法24条の５）。

(2)　金融商品取引所規則

自主規制機関である金融商品取引所では，上場会社の管理の一環として，投資者に対して重要な情報を速やかに伝達するために，適時開示制度を設けており（有価証券上場規程402条・403条），有価証券の募集・売出しもこの適時開示の対象になっています。なお，投資家にとって重要な情報を提供するという点では金融商品取引法に基づく臨時報告書と類似しているものの，臨時報告書は「遅滞なく」提出するのに対して適時開示は「直ちに」開示することが求められており，速報性の点で差異があるほか，開示する情報の範囲も適時開示のほうが広いという点に違いがあります。

(3)　日証協規則

有価証券の引受けに関する日本証券業協会の自主規制規則やガイドラインとしては，「有価証券の引受け等に関する規則」「株券等の募集等の引受け等に係る顧客への配分に関する規則」などがあります。

３．引受けにあたり締結される主な契約

有価証券の募集または売出しにあたり必要となる契約は，発行する証券および市場等によっても異なりますが，株式の国内募集の場合に引受証券会社が締

結する主な契約としては，発行会社や売出人等との間では，引受契約書のほか，主幹事証券会社がオーバーアロットメント売出しを行うにあたり，貸株人から株式を借り受けるために締結される株券貸借契約，貸株人から借り受けた株式の返還に必要な株式を主幹事証券会社が取得するために発行会社が主幹事証券会社に株式を割り当てるために締結される第三者割当増資に関する覚書等があります。また，証券会社間では，引受団契約書や幹事会社間覚書などが締結され，各社の分担や手数料の分配方法等が定められます。

いずれも定型的な契約書式が用いられており，実務慣行によりどの引受証券会社が主幹事となっても概ね同様の契約条項となることが多いものの，発行会社や市場の状況などの個別事情を踏まえて表明保証条項その他の契約条件が異なり，場合によっては厳しい交渉になることもあります。

Q16 グローバルオファリング

当社の顧客のため，日本市場だけでなく海外市場でも同時に資金調達することを検討しています。どのような法規制に留意すればよいのでしょうか。また，グローバルオファリングのほかに海外の投資家から資金調達する方法はありますか。

日本企業が国内投資家だけでなく海外投資家向けにも勧誘を行い，国内市場と海外市場で同時に資金調達することを，グローバルオファリングと呼びます。米国投資家向けに有価証券の募集を行う場合には米国証券法上原則として登録が必要ですが，日本企業が国際的にエクイティファイナンスを行う場合には，米国での登録義務を免れるため，適格機関投資家向け私募に係るRule144Aやオフショア取引に係る米国証券法規則のレギュレーションSに従って行われるのが一般的です。また，日本法上の開示のみで投資判断可能な米国除く海外投資家のみの場合は，日本法上の有価証券届出書において海外募集・売出しについて記載することで海外投資家への勧誘が可能となる「臨報方式」と呼ばれる方法も行われています。

1．米国証券法の適用

米国でも，日本と同様，オファリングの勧誘規制があり，有価証券を募集する場合には，原則として登録が必要となります。米国での登録義務およびそれに伴う継続開示義務を負うこととなるとその負担が膨大になるため，日本企業がグローバルなエクイティファイナンスを行う場合には，適格機関投資家（Qualified Institutional buyer）向けの私募としてRule 144Aを適用し，かつ，オフショア取引としてレギュレーションSに依拠することで，米国証券法上の登録を回避する方法をとるのが一般的です。

(1) Rule 144A

Rule144Aは，米国証券法上の登録義務が免除される私募取引を定めたものであり，Rule144Aによる米国での私募で証券発行を行う際には，発行会社が米国の引受証券会社に対して証券を発行し，それから適格機関投資家に転売するという方法がとられますが，適格機関投資家にしか売付けができないなど一定の条件を満たす必要があります。Rule 144Aによる私募は，SECに開示書類のレビューを受ける等の必要がなく，公募の場合と比較して時間と費用が節約できるというメリットがあります。ただし，適格機関投資家に限定され転売制限も付されるため，公募に比べるとファイナンスの規模や発行後の流動性も限定的になる点に留意が必要です。

⑵　レギュレーションS

レギュレーションSは，証券の勧誘や売付けが，米国外で行われるオフショア取引であり，米国投資家向けの販売行為が行われていないこと等を条件として，米国証券法上の登録義務の適用を受けない旨を定めた規定です。この点，当該証券について米国市場の相当な関与（substantial U.S. market interest）が勧誘開始時になければ，カテゴリ１として追加条件は不要ですが，これを満たさず米国での継続開示義務を負う発行会社が発行する証券については，カテゴリ２として，制限期間中に米国人に対しまたは米国人のために当該証券の勧誘または売付けをしてはならないことのほか一定の追加条件を満たす必要があります。

２．臨報方式（旧臨報方式）

日本企業のエクイティファイナンスで，英文目論見書を作成せず，臨時報告書（企業内容等の開示に関する内閣府令19条２項１号）の開示のみで海外募集を行う手法の呼称を，臨時報告書方式，略して「臨報方式」と呼びます。

なお，従前は，国内募集分について有価証券届出書を提出するのと同時に，同号の下で海外募集分について臨時報告書を提出しており，今も多くのグローバルオファリングにおいては有価証券届出書に加えて海外募集分につき臨時報告書が提出されていますが，平成29年２月14日施行の同内閣府令の改正により，当該募集または売出しに係る有価証券と同一の種類の有価証券の募集または売出しが本邦以外の地域と並行して本邦において開始された場合であって，その本邦における募集または売出しに係る有価証券届出書または発行登録追補書類に本邦以外の地域において開始された募集または売出しに係る一定の事項を記載した場合には，海外募集が行われる場合でも臨時報告書の提出義務が例外的に生じないこととされました。かかる要件を満たせば，有価証券届出書または発行登録追補書類の提出のみで足り，海外募集分に係る臨時報告書を提出する必要もなくなることから，「臨報方式」は今では「旧臨報方式」等と呼ばれたりもします。

臨報方式においては，英文目論見書が作成されないため，投資家が和文の目論見書のみで理解できることなどを確認すべくRep letter（誓約書）を投資家から徴求するなどの実務対応も行われています。

Q17 引受審査

募集または売出しの後に発行会社の粉飾決算が判明した場合，引受証券会社としてどのような責任を負う可能性があるのでしょうか。また，このような可能性を回避するために証券会社は引受審査においてどのような点に留意すればよいでしょうか。

引受証券会社は，募集または売出しにあたり，投資者への勧誘や販売を行うとともに，証券が売れ残った場合にこれを引き受ける責任を負っています。また，引受証券会社は，投資家への販売にあたり使用した目論見書等や提出された有価証券届出書に虚偽記載があった場合は目論見書等の使用者または元引受契約を締結した証券会社として，投資者に対して損害賠償責任を負います（金商法17条・21条1項4号）。ただし，証券会社が虚偽記載を知らず，かつ「相当な注意」を用いたにもかかわらず知ることができなかったことを証明した場合は，損害賠償責任を免れます。このため，証券会社は引受けにあたり「相当な注意」を尽くすため引受審査を実施しており，金商法および内閣府令のほか日証協規則でも，引受証券会社の適正な業務運営として適切な引受審査を行うことが求められています。

1．引受けとは

金融商品取引法上，「引受け」とは，有価証券の募集，売出しまたは私募に際して，「有価証券を取得させることを目的として当該有価証券の全部又は一部を取得すること」または「有価証券の全部又は一部につき他にこれを取得する者がない場合にその残部を取得することを内容とする契約をすること」をいいます（金商法2条8項6号，6項1号・2号）。前者を「買取引受」，後者を「残額引受」と呼びますが，いずれも引受証券会社が販売する有価証券の売れ残りリスクを負うことになります。

2．引受会社の責任

引受証券会社は，発行市場における民事上の責任として，使用した目論見書等に虚偽記載があった場合には，目論見書等の使用者として投資者に対し損害賠償責任を負います（金商法17条）。また，提出された有価証券届出書に虚偽記載があった場合，発行会社または売出人のいずれかと元引受契約を締結している証券会社は，投資者に対して損害賠償責任を負います（同法21条1項4号）。もっとも，いずれの責任も，証券会社が虚偽記載を知らず，かつ「相当な注意」を用いたにもかかわらず知ることができなかったことを証明した場合は，これらの損害賠償責任を免れることができます。

3．引受審査

このように，引受証券会社は，有価証券の引受けにあたり，売れ残りリスクに加えて，目論見書や有価証券届出書等に虚偽記載があれば投資者に対して直接責任を負うというリスクを抱えることになるため，かかるリスクを回避するため，デューディリジェンスとして引受審査を実施しています。また，証券会社の適正な業務運営として，金商法40条2号，業府令123条4号および日証協「有価証券の引受け等に関する規則」でも，適切な引受審査を行うことが求められ，引受推進部門や引受部門とは別に設置された引受審査部門で引受審査を行うこと等が定められています。

4．「相当な注意」

前述2の損害賠償リスクに関し，引受証券会社は，発行会社や売出人との間の引受契約において，引受証券会社が投資者に対して支払った損害賠償額の補償を求めることができる求償条項を定めるのが一般的であり，これにより一定程度リスクヘッジがなされています。しかしながら，実際に目論見書や有価証券届出書の虚偽記載が生じた場合には発行会社等にかかる補償を行う資力がないことも多く，求償条項のみでは損害賠償責任のリスクを完全に回避することはできません。このため，前述したとおり，証券会社が虚偽記載を知らず，かつ「相当な注意」を用いたにもかかわらず知ることができなかったことを証明することが重要であり，どのような場合に「相当な注意」があったといえるのかが問題となります。

株式会社エフオーアイの有価証券届出書虚偽記載に係る損害賠償請求事件（東京地判平28・12・20判時2410号32頁，東京高判平30・3・23判タ1442号136頁）では，同社は平成21年11月にマザーズ市場に上場したものの翌年5月には大規模な粉飾決算による有価証券届出書の虚偽記載が判明してその後まもなく破産に至り，上場時の主幹事引受証券会社および他の引受証券会社が投資者から損害賠償責任を追及されてそれぞれ「相当な注意」を用いたといえるかが争点となりました。この点，地裁判決では主幹事証券会社の損害賠償責任が肯定され，他の引受証券会社の責任は否定されましたが，高裁判決では主幹事証券会社も含めてすべての引受証券会社の責任が否定されました。

本件では，主幹事証券会社に粉飾決算を指摘する匿名投書が届いたという事情があったところ，このような事情の下では，高裁では「一般の元引受証券会社を基準として通常される注意を用いて，監査結果に関する信頼性についての疑義が払拭されたと合理的に判断できるか否かを確認するために必要な追加調査を実施することが求められる」との規範を立てた上，主幹事証券会社が自身で行った追加調査の結果が会計監査人の報告を裏付けるものであったこと等の個別事情を総合的に踏まえ，主幹事証券会社が監査結果に関する信頼性についての疑義が払拭されたと判断して元引受契約を締結したことは合理的であり，「一般の元引受証券会社を基準として通常要求される注意義務を尽くした」と判示されました。

本判決は事例判決であり，個別事情によって「相当な注意」を用いたか否かの判断は異なりうるかと思いますが，適切な引受審査を実施する上で参考になると思われます。

3．デリバティブ

Q18 デリバティブ取引

デリバティブ取引を担当することになりました。デリバティブ取引のために法務部門はどのようなサポートを行うことになるのですか？

A

デリバティブ取引への法務部門の関与は，各社により大きく異なりますが，契約書の作成，金融商品取引法その他の金融規制法対応，新規のカウンターパーティーとの取引の法的リスクの分析，顧客との訴訟対応など，さまざまなものがあります。

1．デリバティブ取引

デリバティブ取引は，「債券や株式，借入れ，預貯金等の原資産の将来の価格を予約（先物）したり，キャッシュフローを変換（スワップ）したり，それらに条件をつけたりする（オプション）仕組み」（福島良治『デリバティブ取引の法務〔第5版〕』（金融財政事情研究会，2017）2頁）をいいます。そして取引所に上場されているデリバティブと，上場されていないデリバティブ（OTCデリバティブ）に分けられます。デリバティブは，リスクを変換する機能を有するものであり，現代の金融取引には欠かすことができません。デリバティブ取引の目的としては，たとえば，銀行によるアセットライアビリティマネジメント，ディーリング益ねらい，銀行や金商業者による利ざや獲得目的，一般企業等によるヘッジ目的利用および一般企業等による投資目的などがあるとされています（前掲・福島7頁以下）。本書ではデリバティブ取引自体の詳細な内容には言及しませんが，法務面からの対応が必要となる事項も非常に多岐にわたる取引となります。

2．デリバティブ取引への法務部門の関与

デリバティブ取引について，法務部門がどのように関与するかは，各金融機

関により大きく異なるのが実情と思われます。ここではデリバティブ取引に関連して法務部門の関与を求められる可能性のある事項を広く取り上げます。

(1)　契約の作成

上場デリバティブは取引条件が定型化，標準化されていますが，OTCデリバティブ取引については当事者間で金額，条件等を自由に設定することになります。そのため，取引に際して当事者間で条件等を定める契約を締結することになります。もっとも，その契約内容は非常に複雑なものとなるため，取引に伴うリスク軽減等の観点から定型化された契約を用いることになります。国際的に最も利用されるものとして，ISDA（国際スワップ・デリバティブズ協会）が作成したISDA Master Agreementがあり，また日本国内の取引では日本語の契約を用いることもあります。法務部門としても，これらの契約のドラフト，レビューなどに関わることもありえます。各種契約の詳細については，Q19およびQ20をご参照ください。

(2)　新規取引における法的リスクの分析

新規の取引相手（カウンターパーティー）とのデリバティブ取引を行う際には，各種の法的リスクの分析が必要となりますが，特にカウンターパーティーとの債権債務のすべてについて一括清算（クローズアウト・ネッティング）を行うことができるか否かを確認することが重要となります。一括清算が法的に有効であれば，担保としての機能を果たし差押権者や破産管財人等に対抗できることになります。また，一括清算が有効であれば，金融機関の自己資本比率が改善されることにもなります。日本国内のデリバティブ取引で当事者に銀行，金商業者等の金融機関を含む場合には，金融機関等が行う特定金融取引の一括清算に関する法律（一括清算法）により，一括清算の法的有効性が確保されています。一方で，外国のカウンターパーティーとの取引を行う際には，契約の準拠法，カウンターパーティーの設立準拠法との関係で一括清算が法的に有効であるかを確認する必要があります。先進国についてはほぼ立法的に手当てされていますが，新興国については必ずしも法制が整備されていない場合もあり，法務部門においてリサーチを行う必要が生じることもあります。

(3)　金融規制対応

デリバティブ取引については，金融商品取引法の適用があり，その規制を遵守することが必要となるほか，デリバティブ取引の金融規制対応は非常に大きなテーマとなりえます。2008年の金融危機後，OTCデリバティブ取引に対する規制が各先進国において強化されてきました。この間導入されていたものとして，中央清算機関（CCP）の設置と一定のOTCデリバティブ取引の清算集中の導入，取引情報蓄積機関を通じた取引情報の当局への報告，電子取引基盤の利用などに加え，非清算集中取引への証拠金規制（当初証拠金，変動証拠金）の導入などが挙げられ，また金融機関の破綻処理のため早期解約条項の一時停止（ステイ）といった規制も加わりました。法務部門としては，このような規制対応へのサポートを行うこともありえます。実際に，証拠金規制やステイの対応では，既存のカウンターパーティーとの取引について契約上の対応が必要となり，法務部門が契約交渉等を行ったケースもありました。

また，今後の課題として，Libor不正操作事件を受けて2021年にLiborが廃止され代替指標が導入される予定です。これは金融取引全般に影響が生じうる問題ですが，デリバティブ取引との関係でも大きな影響があるとされており，契約上の対応も必要となることが考えられます。こうした問題についても，法務部門がサポートを行うことが考えられるでしょう。

(4)　顧客との紛争・訴訟対応等

金融危機の際には，円高や株安のためデリバティブ取引やデリバティブ内包金融商品による損失が多数の投資家に生じることとなりました。そのため，デリバティブ取引を顧客と行った銀行やデリバティブ内包商品を顧客に販売した証券会社に対して，損失を被った顧客から，適合性の原則や説明義務違反を主張する紛争・訴訟が多発する事態となってしまいました。現在では件数も一時期に比べ激減していますが，法務部門としては，このようなデリバティブ関連の紛争・訴訟への対応を行うことも業務となってきます。また，紛争化することはありませんでしたが，2016年のマイナス金利の導入の際には，変動金利のローン契約と金利固定化の金利スワップ取引が組み合わさった取引などにおいて，マイナスの変動金利支払い義務が生じるかといった法的な問題が生じました。証券会社が当事者となった取引の場合，損失補塡の禁止など金融商品取引法上の規制も絡み，非常に複雑な問題となりえます。このような複雑な法律問題が生じた際には，法務部門のサポートは非常に重要なものとなるでしょう。

(5)　ま と め

デリバティブ取引は，高度な金融工学を駆使した複雑な取引ですが，契約や金融規制等の観点から法的にも複雑な問題を含んでいます。金融法務の中でも専門性が特に高い分野となりますが，法務部門としては，契約のドラフト・レビューなど日常的な取引に関連したサポートから，新規の金融規制対応，マイナス金利やLibor廃止のような金融界の事象への対応の法的側面からの支援などを行っていくことが考えられます。

Q19 デリバティブ取引に関する契約書

営業部門からデリバティブ取引に関する契約書のドキュメンテーションを依頼されたのですが，デリバティブ取引に使われる契約書にはどのようなものがありますか。

デリバティブ取引で使用する契約書は，ISDAが英文で作成したISDA Master Agreement，Confirmation，Definitionsを基本とし，Credit Support Annexが追加されることもあります。また，国内取引の場合，日本法準拠，日本語のデリバティブ取引契約が使用されることもあります。

1．デリバティブ取引の契約

OTCデリバティブ取引を行う場合，当事者間で条件等を定める契約を締結することになります。もっとも，その契約内容は非常に複雑なものとなるため，リスク軽減等の観点からある程度定型化された契約を用います。国際的に最も利用されるものとして，ISDA（国際スワップ・デリバティブズ協会）が英文で作成したISDA Master Agreementがあり，また日本国内の取引では日本語の契約を用いることもあります。

2．ISDA Master Agreement

デリバティブ取引で最も用いられる標準化された契約であり，現在，1992年版と2002年版が一般に使用されています。契約の構成，構造につき特徴があり，法務の担当者としては，まずこの点から理解しなければなりません。基本契約であるMaster Agreement，個別取引ごとに作成するConfirmation，定義集であるDefinitionsの３点が一体として１つの契約を構成することになります。法務担当者としては，まずはこれらの概要を確認することが重要です。

(1) Master Agreement

Master Agreementは，両当事者間のデリバティブ取引に適用される基本条件を定めた基本契約との位置付けであり，標準条項と付属文書であるSchedule

から構成されます。標準条項は直接修正することは想定されておらず，当事者間で条件の修正等を行う場合にはScheduleで合意します。そのため，Master Agreementのドラフト，レビューを行う場合にはScheduleの内容を検討することになります。

標準条項では，両当事者の義務，表明保証，債務不履行事由，解除事由，準拠法などが定められますが，とりわけ，期限前解除に際して一括清算が可能とされていることが最も重要な点です。ScheduleはPart 1からPart 5までに分かれており，それぞれの中でさまざまな事項について合意することになりますが，債務不履行事由・解除事由の範囲等を合意するPart 1が最も重要であり，ドラフトの中心となるでしょう。

(2)　Confirmation

デリバティブ取引の当事者間では，取引が繰り返し行われることが想定されます。Confirmationは，Master Agreementを締結した当事者間で行われる個別取引の内容を規定するものであり，想定元本，取引日，取引終了日等について合意することになります。なお，個別取引におけるConfirmationの作成は，法務部門ではなく決済部門などで行うことが一般的です。法務部門の関与は，取引類型にあわせてConfirmationで一般的に規定する内容について，事前にドラフト，レビュー等をする形が考えられます。

(3)　Definitions

デリバティブ取引と一言にいっても，金利，通貨，エクイティ，クレジットなどの各種スワップ，各種オプションなど取引内容は非常に多岐にわたります。そのため，取引類型によってはMaster Agreement自体に規定されていない定義が必要となることもあり，それを規定するのがDefinitionsです。ISDAからさまざまなものが公表されていますが，たとえばエクイティデリバティブで使用する2011 ISDA Equity Derivatives Definitionsやクレジットデリバティブの2014 ISDA Credit Derivatives Definitionsなどがあります。これらのDefinitionsは，当事者で修正を行うことが想定されたものではなく，取引類型ごとにMaster Agreementの定義集としてその一部を構成します。

3. Credit Support Annex

Credit Support Annex（CSA）は，デリバティブ取引の担保契約であり，デリバティブ取引を行う際に両当事者のエクスポージャー（取引を時価評価して算出される含み損益）を担保するために用いられます。また，金融危機後導入された証拠金規制により，清算集中が行われていないOTCデリバティブ取引については証拠金を設定することが義務付けられており，CSAを用いて当初証拠金（Initial Margin），変動証拠金（Valuable Margin）の差し入れを合意することになります。担保契約といっても，たとえばローン取引の場合のようにさまざまな担保物が想定されているわけではなく現預金や国債等を用います。CSAには，日本法準拠版のほかニューヨーク州法準拠版，英国法準拠版が用意されており，取引に応じて使用します。

4. 各種プロトコル

プロトコルは，既存取引の内容を修正するために用いられる契約です。デリバティブ取引のMaster Agreementは，多数の当事者間で多数締結されています。そのため金融規制への対応等のために，既存の契約について個別に当事者間で変更契約を締結することは大変な労力を要することになります。この点への対応として，批准した当事者同士の既存契約について修正を行うためのものがプロトコルです。法務部門にとっても，自社のプロトコルへの批准により，個別に検討しなければならない対象を，プロトコルを批准していないカウンターパーティーとの契約に限定していくことが可能となります。近年，金融機関の破綻処理のため早期解約条項の一時停止（ステイ）が各国で導入され，日本でも預金保険法改正により内閣総理大臣にステイの権限が付与されました。このステイの有効性をクロスボーダー取引においても確保するために，外国法準拠の契約についてステイの効力を契約上有効とする修正を行うことが各国で求められていますが（日本では，たとえば主要行等向けの総合的な監督指針Ⅲ-11-2），その際，ISDAが公表したResolution Stay Protocolを批准することで既存契約の変更を行うという対応がとられています。

5．日本語デリバティブ契約

以上のように，クロスボーダー取引が多数行われるデリバティブ取引において最も頻繁に使用されるISDA作成の各契約は英文であり，基本的には英国法，ニューヨーク州法が準拠法として想定されています。準拠法の点は，Scheduleにて日本法準拠にすることもできますが，Master Agreementの内容を日本法に則したものとするには多岐にわたる修正が必要となることもあり，日本国内取引では日本語で作成されたデリバティブ契約も用いられています。契約のドラフト，レビューに際しては，さまざまな点を見ることになりますが，一括清算の観点からも債務不履行事由・解除事由の規定が最も重要な点といえるでしょう。

6．まとめ

以上，デリバティブ取引で使用される契約について概観しました。クロスボーダー取引に広く使用することが想定されており，その構成にも独特のものがありますので，法務部門で実際に対応する際には，ISDAの公表資料等を用いるか，デリバティブ取引を扱っている外部の法律事務所を起用するなどして，十分に検討する必要があります。なお，ISDAの各種契約やユーザーズガイド等の各種資料については，ISDAのウェブサイト（https://www.isda.org/）で入手することができます。

Q20　デリバティブ取引の行為規制

当社は，海外との取引が多い顧客企業に対し，為替相場が変動するリスクをヘッジするための為替予約（差金決済が可能な為替予約とします）を提案しようとしています。この場合，金商法上の規制に関して，主にどのような点に留意する必要がありますか。

＊なお，Q20～Q21は，共通の設例に関する連続した問いです。

顧客とデリバティブ取引を行う際は，顧客の属性を確認した上，金商法の業規制の適用の有無および適用される行為規制の内容を確認する必要があります（特定投資家が取引の相手方となる場合には，行為規制の一部，たとえば，不招請勧誘等の禁止，適合性の原則（Q21参照），契約締結前書面の交付，契約締結時の書面の交付および保証金の受領に係る書面の交付が適用されません）。

1．金商法が定めるデリバティブ取引への該当性

為替予約は，将来の一定の日における為替レートを予め当事者間で合意して決め，当該日に当該為替レートで　外貨を売買する取引です。たとえば，海外から原材料を仕入れる顧客が，当該仕入れ時点の為替レート（1米ドル100円）が将来の代金決済の時点で1米ドル120円となると仕入れ時点でのレートと比較すると1米ドル当たり20円の損をするので，これを回避するために，金融機関との間で，1米ドル100円で決済の日に顧客がドルを買うことを予め合意する取引です。

金商法が定めるデリバティブ取引には市場デリバティブ取引，店頭デリバティブ取引および外国市場デリバティブ取引があり（金商法2条20項），①金融商品の売買のうち，②決済を将来の一定の時期に行う取引であって，③決済方法として現物決済のみならず差金決済が可能である取引を先物取引（同条21項1号）または先渡取引（同条22項1号）といいます。先物取引は市場デリバティブ取引の一類型，先渡取引は店頭デリバティブ取引の一類型ですが，為替予約については市場がないので，店頭デリバティブ取引の方法で行われているため，

為替予約は先渡取引に該当します。

本設問の為替予約は，将来の一定の日に外貨を売買する取引であり，外貨は「通貨」として「金融商品」（同条24項３号）に該当しますので，上記①および②を満たし，かつ，差金決済が可能なものですので，上記③も満たすことから，先渡取引にあたり，店頭デリバティブ取引（同条22項１号）に該当します。

２．金商業から除外される店頭デリバティブ取引

「プロ顧客」（金商業者等，適格機関投資家，資本金10億円以上の株式会社等がこれに該当します）を相手方とする店頭デリバティブ取引は基本的に金商業から除外されており（金商法２条８項，同法施行令１条の８の６第１項２号），かかる店頭デリバティブ取引は，基本的には，業規制や行為規制（たとえば契約締結前・締結時の書面交付義務，運用報告書の作成・交付義務等）等の直接の適用対象とならないと考えられています（金融庁平成19年パブコメ回答37頁以下のNo.９～21）。

したがって，本設問の顧客がプロ顧客に該当する場合には行為規制が適用されないことになりますが，以下では，顧客がプロ顧客に該当しないことを前提に，行為規制について説明します。

なお，本設問では，不招請勧誘等の禁止，契約締結時における書面交付義務等について説明します。適合性原則および説明義務（契約締結時における書面交付義務を含みます）についてはQ21で説明します。

３．不招請勧誘等の禁止

本設問の為替予約については，勧誘の要請をしていない顧客に対する訪問または電話による勧誘行為，勧誘受諾意思を確認しない勧誘および再勧誘（不招請勧誘等）が禁止されます（金商法38条４号～６号，同法施行令16条の４第１号イ，業府令116条）。

したがって，勧誘に先立ち，顧客に対し，勧誘を行っても良い旨を確認し，顧客の了解を得ること（勧誘受託意思の確認）が必要です。また，顧客に為替ヘッジのニーズがあることを確認し，その証跡を残しておくことも必要です（金商業者監督指針Ⅳ－３－３－２(6)⑤参照）。

4．契約締結時の書面の交付

デリバティブ取引についての契約が成立したときは，原則として，遅滞なく，契約の概要，手数料等を記載した書面を交付する必要があります（金商法37条の4）。記載事項は業府令99条～107条に法定されています。ただし，店頭デリバティブ取引については，契約の成立ごとに取引の条件を記載した契約書を交付する場合は，契約締結時の書面の交付は不要です（業府令110条1項2号ホ）。

本設問の為替予約は店頭デリバティブ取引にあたるため，契約の成立ごとに取引の条件を記載した契約書を交付する場合は，契約締結時の書面の交付は不要です。

5．保証金の受領に係る書面の交付

本設問の為替予約は店頭デリバティブ取引にあたるため，顧客から金銭・有価証券その他の財産の預託を受けた場合，かかる財産を受領した旨の書面を交付する必要があります（金商法37条の5第1項，業府令113条・114条）。

6．特定投資家制度

金商法は，投資家のうち，金融取引におけるリスク管理を適切に行うことができると考えられる者を「特定投資家」（金商法2条31項）と位置付け，特定投資家が取引の相手方となる場合に行為規制の一部の適用を除外しています（同法45条）。

「特定投資家」とは，適格機関投資家，国，日本銀行および内閣府令で定める法人をいい，当該法人には，上場会社および資本金の額が5億円以上と見込まれる株式会社が含まれています（金融商品取引法第二条に規定する定義に関する内閣府令23条）（したがって，たとえば，金融商品取引業者等または適格機関投資家のいずれにも該当しない資本金が5億円である株式会社は，プロ顧客には該当せず，これを相手方とするデリバティブ取引の場合には上記2に基づく行為規制の適用除外は受けられませんが，特定投資家に該当することを理由とする行為規制の一部の適用の除外を受けられる余地は残ることとなります）。

特定投資家が取引の相手方となる場合に適用が除外される行為規制には，たとえば，不招請勧誘等の禁止（同法38条４号〜６号），適合性の原則（同法40条１号），契約締結前書面の交付（同法37条の３），契約締結時の書面の交付（同法37条の４）および保証金の受領に係る書面の交付（同法37条の５）があります。これに対し，たとえば，損失補塡等の禁止（同法39条）は特定投資家が取引の相手方となる場合でも適用があります。

本設問の顧客が特定投資家に該当する場合には，本設問およびQ21で説明している，不招請勧誘等の禁止，適合性の原則，契約締結前書面の交付，契締結時の書面の交付および保証金の受領に係る書面の交付が適用されません。

 デリバティブ取引における適合性原則および説明義務

Q20のように，当社が顧客企業と為替予約（差金決済が可能な為替予約とします）を行う際，適合性原則および説明義務に関し，どのような点に留意する必要がありますか。

A

法令，監督指針や日証協の規則を踏まえ，顧客の財務状況，デリバティブ取引についての顧客の知識・経験，顧客のリスク管理体制等に照らして当該顧客にふさわしい為替予約を提案するとともに，為替相場の変動により顧客が被る可能性のある損失や中途解約における清算金等の発生リスク等についてわかりやすく説明することに留意することが必要です。

1．顧客とのデリバティブ取引における適合性原則と説明義務の重要性

金融商品を購入し損失を受けた顧客が証券会社を被告として提起する損害賠償訴訟では，ほぼすべての事案で金商法上の適合性原則違反と金商法および金販法上の説明義務違反の主張がなされます（司法研修所編『デリバティブ（金融派生商品）の仕組み及び関係訴訟の諸問題』（法曹会，2017）105頁）。これを踏まえると，証券会社が顧客と為替予約を行う際も適合性原則および説明義務の遵守が重要となります。

2．適合性原則

(1) 適合性原則とデリバティブ取引

証券会社は，①顧客の知識，経験，財産の状況および取引の目的に照らして，デリバティブ取引の勧誘を行ってよいかを判断し（金商法40条1号）（狭義の適合性原則），②勧誘を行ってよいと判断できる場合でも，当該顧客の知識，経験，財産の状況および取引の目的に照らして顧客が理解できる方法および程度による説明をする必要があります（同法38条7号，業府令117条1項1号）（広義の適合性原則）。

(2)　適合性の判断

適合性の判断にあたっては，具体的な商品特性との相関関係において，顧客の投資経験，取引の知識，投資意向，財産状態等の諸要素を総合的に考慮すべきとされているため（最判平17・7・14民集59巻6号1323頁），適合性原則を遵守して顧客と為替予約を行うには，まず，顧客の属性について知ることが必要です。

この点に関して，日証協の「協会員の投資勧誘，顧客管理等に関する規則」（以下「投資勧誘規則」という）は，協会員に対し，顧客の職業，生年月日，資産の状況，投資経験の有無等を記載した顧客カードの整備を求めています（5条）。なお，顧客カードは，適合性原則違反が主張される事案において当該違反がないことを証券会社側が主張する際に真っ先に提出されるべき必須の訴訟資料とされます（前掲・司法研修所編76頁）。

デリバティブ取引において顧客の属性を把握するために具体的に確認すべき事項としては，たとえば，①プロ顧客または特定投資家への該当性（プロ顧客と特定投資家についてはQ20を参照。プロ顧客および特定投資家には狭義の適合性原則および契約締結前書面の交付義務（金商法37条の3）が適用されず，広義の適合性原則（同法38条9号，業府令117条1項1号，金販法3条1項・2項）は適用されるため（金商法45条1号・2号），確認が必要となります），②顧客の財務状況，③顧客のデリバティブ取引の経験の有無・内容，④顧客におけるリスク管理体制・意思決定プロセス（リスク管理を専門に行う部門の有無，デリバティブ取引の時価評価・リスク管理システムの有無等），⑤デリバティブ取引の目的（ヘッジ目的か否か，ヘッジ対象となる資産・負債の金額等），⑥デリバティブ取引についての顧客の理解度（デリバティブ商品の時価が市場動向に応じて変化することを理解しているか等）が考えられます。適合性原則からは，このようにして把握した顧客の属性を踏まえ，販売するデリバティブ商品のリスクの程度および難易度を勘案し，顧客の属性に則した適正な投資勧誘を行う必要があります。

3．説明義務

(1)　説明の方法および程度

証券会社は，金商法上，為替予約に関する契約を締結しようとするときは，予め，顧客に対し，法定の事項を記載した書面（契約締結前交付書面）を交付する必要があります（金商法37条の3。詳細は下記(2)を参照）。さらに，証券会社は，顧客の知識，経験，財産の状況および取引の目的に照らして，顧客に理解されるために必要な方法および程度による説明をする必要があります（広義の適合性原則による説明義務の実質化。金商法38条9号，業府令117条1項1号，金販法3条1項・2項）。

この点に関して，監督指針は，デリバティブ取引の説明責任に関し，概ね，①デリバティブ取引の商品内容やリスク（金融指標等の水準等の変化により生じる想定最大損失額および顧客の経営または財務状況に対する影響），②デリバティブ取引の中途解約の可否，解約清算金が発生する場合にはその旨および解約清算金の内容，③デリバティブ取引がヘッジ目的の場合には，顧客が業務運営を行う上で有効なヘッジ手段として機能することについて，例示等も入れ，具体的にわかりやすい形で解説した書面を交付して，適切かつ十分な説明をすることを求めています（金商業者監督指針Ⅳ－3－3－2(6)参照）。

為替予約でいえば，たとえば，為替相場がどう変動すれば顧客がどのような損失を被るおそれがあるかについて損益図（ペイオフ・ダイアグラム）を用いた視覚的にわかりやすい説明が求められると共に，本設問の為替予約はヘッジ目的ですので，顧客が業務運営を行う上でヘッジ手段として有効に機能すること等をわかりやすく説明することが必要です。

(2)　契約締結前交付書面の交付

①　記載事項

契約締結前交付書面には，各取引に共通の基本的記載事項（金商法37条の3第1項各号，業府令82条各号）および店頭デリバティブ取引についての記載事項（業府令94条）を記載する必要があります。店頭デリバティブについて言えば，たとえば，(i)元本欠損・元本超過損が生ずるおそれ（金商法37条の3第1項5号～7号，業府令82条3号～6号）や(ii)手数料（金商法37条の3第1項4号）の記載が特に重要です。

(ii)に関し，デリバティブ取引では，手数料をデリバティブ取引の価格およびレートから分離することが困難で，かつ，取引の期間中，デリバティブ取引の時価も変動するために手数料の表示ができない場合があります。このような場合は，手数料を記載できない旨およびその理由（業府令81条1項ただし書）を記載することになると考えられます。

② 記載方法

手数料等の概要，元本欠損リスクおよび元本超過損リスク，市場リスクおよび信用リスク，ならびに，店頭デリバティブ取引の場合はカバー取引の相手方および顧客の財産の分別管理の方法・預託先等について，12ポイント以上の大きさの字で明瞭かつ正確に記載し，枠で囲む必要があります（業府令79条2項）。また，顧客の判断に影響を及ぼす特に重要な事項については，冒頭に平易に記載する必要があります（同条3項）。

(3) 日証協の投資勧誘規則に基づく文書の交付等

投資勧誘規則は，店頭デリバティブ取引を顧客と行う場合，顧客への注意喚起文書の交付（6条の2）および顧客からの確認書の徴求（8条）を求めていることから，為替予約を行う場合も，注意喚起文書の交付および確認書の徴求が必要です。なお，確認書は，説明義務違反が主張される訴訟において，契約締結前交付書面とともに必須の資料となります（前掲・司法研修所編76頁）。

Q22 デリバティブ取引における信用不安時の対応

当社は，海外との取引が多い顧客企業と通貨スワップ取引を行うとともに，そのカバー取引として，他の金融機関と通貨スワップ取引を行うことを検討しています。これらのデリバティブ取引の相手方である顧客企業または金融機関の信用状況が悪化する場合に備えて，どのような手当てをすればよいでしょうか。また，顧客企業の信用状況が実際に悪化した場合には，どのような対応をすればよいでしょうか。

A

相手方のデフォルトにより当社が損害を受けるリスクを削減するため，相手方の親会社の保証もしくは担保による保全を行うこと，または契約条項の手当てをすることが考えられます。また，当社が金融機関と通貨スワップ取引を行う場合には，証拠金規制および監督指針により，証拠金の授受が必要となります。顧客の信用状況が実際に悪化した場合は契約条項に従い，顧客のエクスポージャーを算出し，期限前解約等を行うことを検討します。

1．保全の必要性

デリバティブ取引の相手方の信用状況が悪化し，さらに，当該相手方がデフォルトとなった場合，当社が損害を受ける可能性があるため，損害を受けるリスクを削減する方策を検討しておく必要があります。

2．保全の方法①―親会社の保証（顧客とのデリバティブ取引について）

銀行は，顧客（事業法人）の信用状況によっては無担保で顧客とデリバティブ取引を行うこともあるようですが，顧客の信用状況を踏まえ，債権の保全が必要であると判断したときに顧客に親会社がある場合には，当該親会社に保証を差し入れてもらうことが考えられます。

なお，顧客側から，顧客の親会社による保証ではなく，コンフォート・レターの差入れで代替したいとの要望を受けることがあります。しかし，コンフォート・レターには，通常，「当該子会社の親会社である」「親会社として子会社の監督を行う」「子会社がデフォルト等の問題を起こした場合はその解決に協力する」等の趣旨は記載されているものの，子会社の債務を親会社が保証するとの記載はありません。したがって，債権者たる当社としては，保証の代わりにコンフォート・レターの差入れのみで応諾する場合には，親会社の保証が存在するという前提で取引を行うべきではないと考えられます（植木雅広『必携デリバティブ・ドキュメンテーション〔担保・個別契約書編〕』（近代セールス社，2010）28～29頁）。なお，コンフォート・レターの文言上，親会社の具体的な義務の内容が明確である場合は，当該義務違反を理由に親会社に対して損害の賠償を求めるまたは当該義務違反を期限の利益喪失事由とした上，期限の利益を喪失させることは可能と考えられます。

3．保全の方法②—契約条項による手当て

次に，当社が顧客，金融機関等とデリバティブ取引を行う場合，取引の相手方の信用リスク削減策として，契約書において，以下の条項を規定することが考えられます。

① 中途解約条項

相手方の信用状況が悪化した場合（たとえば，顧客について期限の利益を喪失した場合等）に，当社が取引を解約できるとする条項です。取引の相手方の信用格付が一定レベル以下に低下した場合に取引を期限前解約することができる旨の（狭義の）ダウン・グレード条項（植木雅広『必携デリバティブ・ドキュメンテーション〔基本契約書編〕』（近代セールス社，2008）240～241頁）も，中途解約条項の一種です。

② キャッシュセトル条項

一定の期間ごとにエクスポージャー（取引を時価評価して算出される含み損益）を値洗いし，当社が顧客との間でこれをゼロとするためキャッシュで清算する旨の条項です。

③ Mark-to-market Currency Swap条項

これは，通貨スワップ取引の金利支払日に，異なる２つの通貨建ての想定元本を，当該金利支払日の２営業日前に値決されるスポットレートで時価評価し，その時点での含み損益を当事者間で清算し，時価評価後の金額をその次の計算

期間の想定元本とする旨の条項です（前掲・植木〔担保・個別契約書編〕419頁）。たとえば，満期に，当社が新興国建ての元本を相手方の金融機関に支払うのと交換に当該金融機関から円建ての元本を受け取るという通貨スワップでは，新興国の通貨価値が下落すると，相手方のデフォルトが起きた際の損失が大きくなりますが，Mark-to-market Currency Swap条項があれば，期中に値洗いをすることになりますので，当該損失のリスクを軽減することができます。

4．保全の方法③―担保権の取得（金融機関とのデリバティブ取引について）

当社が金融機関との間でデリバティブ取引を行う場合は，ISDA制定の担保契約書であるCredit Support Annex（CSA）に基づき当事者双方が担保を提供することが考えられます。CSAの各条項の意義や解釈については，公表されている資料・文献（たとえば，ISDA作成の「User's Guide to the 1995 ISDA Credit Support Annex」，前掲・植木〔担保・個別契約書編〕）をご参照いただければと思います。

5．証拠金規制（金融機関とのデリバティブ取引について）

金融庁の監督指針は，①金商業者（業府令123条12項4号ロに該当する店頭デリバティブ取引に係る想定元本額の合計額の平均額が3,000億円未満の者を含みます）が，金融機関等を相手方とする非清算店頭デリバティブ取引において，変動証拠金の適切な管理に係る態勢整備に努めること，②業府令123条1項21号の11の規定（当初証拠金）の対象となる金商業者等が，同号で対象となる非清算店頭デリバティブ取引において，当初証拠金の適切な管理に係る態勢整備に努めることを求めています（監督指針Ⅳ－2－4(4)）。なお，②に関し，通貨スワップのうち想定元本に相当する通貨を授受することを約する部分については，当初証拠金規制の対象外とされています（業府令123条1項21号の11）。

証拠金授受等に係る態勢整備とは，具体的には，ISDAマスター契約およびCSAの締結，証拠金の計算・授受・管理等を行うためのシステムの整備や人員の補充等を含むと考えられます。

したがって，当社が金融機関との通貨スワップ取引を行うには，ISDAマスター契約およびCSAを利用し，かつ，証拠金（ただし，想定元本部分についての当初証拠金は除きます）の計算・授受・管理等を行うためのシステムの整備や人員を確保することが必要となります。

6．信用不安時の対応（顧客とのデリバティブ取引について）

顧客の信用状況が悪化した場合，当社としては，当該顧客とのデリバティブ取引について時価評価を行って含み損益を算出し，さらに，融資，預金その他の取引についても含み損益を算出した上，これらの取引の含み損益を合計した結果，プラスのエクスポージャー，つまり，当社側に残存する債権が生じている場合は，保証人である親会社の信用状況，担保により当該債権を保全できるかを踏まえ，取引を継続するかどうかを検討します。信用状況が悪化した場合の追加担保提供義務が契約書に規定されている場合は当該規定に基づき，顧客に対し追加担保の提供を求めることも考えられます。

保証人の信用状況も悪く，追加担保の提供も困難である等により取引を終了させると判断した場合は，中途解約条項（上記３①を参照）に基づき期限前解約により取引を終了させ，当該債権額を回収します。

4．上場商品等の注文の執行

Q23　上場株式・ETF等の注文手続

マーケット部門のエクイティ担当部署からの相談に対応することになりました。上場株式，ETFなど上場商品の注文は，どのような手続で執行されるのでしょうか。

上場商品の注文は，取引所による売買，清算機関による清算，決済機関による決済の手続を経て，商品および資金の受渡しが行われます。各手続の法的性質および関係者の役割について理解することが重要です。

1．上場株式等の注文執行の流れ

(1)　取引所における売買

顧客（投資家）は，上場株式やETF（以下「株式等」といいます）を売買する場合，取引参加者（Q8参照）に対して注文を行います。取引参加者は，顧客の計算において自己の名で当該注文を取り次ぎ（委託売買），自社のシステムを通じて取引所（本設問において，東京証券取引所を指すものとします）の株式売買システムに伝達します。取引所は，取引参加者からの各注文を突き合わせ（マッチング），数量および金額について売りと買いが合致した場合，当該注文にかかる株式等の売買が約定し，売方参加者と買方参加者間の売買契約が成立します。なお，取引所とは別に，金商業として証券会社が運営するPTS（Proprietary Trading Systemの略）と呼ばれる私設取引システムにおいても，株式等の売買取引を行うことができます（金商法２条８項10号，業府令１条４項９号）。

(2)　清算機関における清算・決済

取引所またはPTSにおいて売買が成立すると，売方には代金請求債権と株式等の引渡債務が，買方には株式等の引渡請求債権と代金支払債務が発生します。本来であれば，売買契約の当事者同士で当該債権債務にかかる履行をすること

になりますが，取引所取引においては，資金の効率化・事務処理の合理化の観点から，各当事者が清算機関であるJSCC（Q8参照）との間で履行をすることになります（〔東証〕清算・決済規程３条・４条，〔JSCC〕業務方法書３条２項１号等）。

具体的には，取引所またはPTS運営会社が売買約定データをJSCCに送り，JSCCが当該データに基づき売方・買方それぞれの清算参加者（Q8参照）から相手方に対する各債務を免責的に引き受けるとともに，それに対応する債権を取得することにより，売方と買方との間に入って売買成立により発生した債権債務の当事者となります（〔JSCC〕業務方法書46条）。これにより，清算参加者の一方がJSCCに対して債務を履行しなかった場合でも，JSCCは他方清算参加者に対して債務を履行する義務があり（JSCCによる「決済の履行保証」と呼ばれていますが，民法上の保証とは異なると考えられます），取引相手方の信用リスクを負わないというメリットがあります。

JSCCは，各取引の債務引受け後，決済数量を削減するためにネッティングを行います。具体的には，各清算参加者の銘柄ごとの証券および売買代金にかかる売付数量と買付数量を相互に相殺（差引き計算）し，その差額を受け渡すことで，決済に必要な証券や金額の移動を最小限にしています（日本証券経済研究所編『図説日本の証券市場（2018年度版）』（日本証券経済研究所，2018）174頁）。このような一連の清算手続は，システムにより行われています。

(3)　決済機関における決済

JSCCは，ネッティングにより清算参加者ごとの決済数量を確定させると，各清算参加者に決済数量を通知するとともに，決済機関に決済指図を行います。具体的には，株式会社証券保管振替機構（以下「ほふり」といいます）が，JSCCからの決済指図に基づいてJSCCのほふり口座と渡方および受方清算参加者のほふり口座間で受渡数量にかかる株式等の振替を行い，さらに，日本銀行またはJSCCの指定する銀行（資金決済銀行）が，JSCCからの決済指図に基づいてJSCCの銀行口座と渡方および受方清算参加者間の銀行口座で受払資金額の移動を行います。

このような手続により株式等の売買の決済は行われますが，JSCCでは，元本リスク（資金または有価証券を交付した後に，その対価を受け取れないリス

ク）を排除するため，ほふりの取扱銘柄である株式等について，DVP（Delivery Versus Payment）決済を採用しています（〔JSCC〕業務方法書47条等）。これは，資金と証券の引渡しを相互に条件付けた決済方式で，資金決済（支払い）の結了または現金担保等の差し入れが確認できない限り，証券の受領ができない仕組みをいいます（前掲・日本証券経済研究所編176頁）。

上記(1)～(3)における売買から決済までの一連の手続の流れを図解したものが，【図表２－１】です。

【図表２－１】売買から決済に至る関連諸機関―有価証券の売買に係る清算・決済

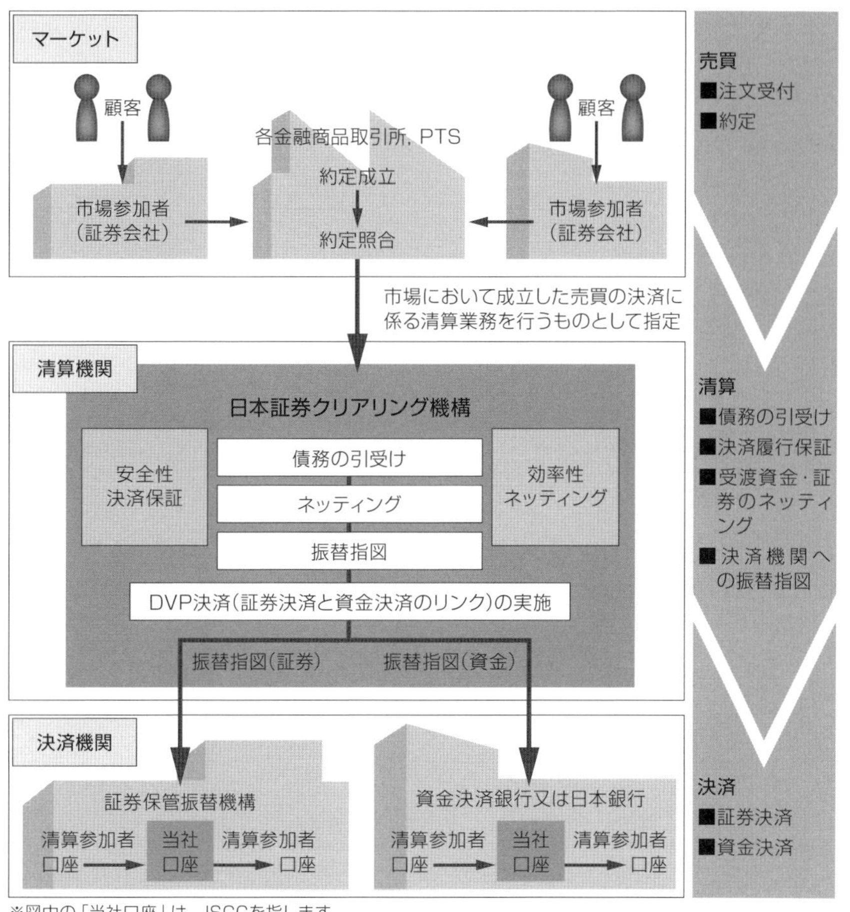

※図中の「当社口座」は，JSCCを指します。

（出所）日本証券クリアリング機構ウェブサイト「清算機関とは」

(4)　決 済 日

上記一連の株式等の売買から決済までに要する時間ですが，現在，売買約定日を含めて３営業日目（T（Trade date＝約定日）＋２と呼ばれています）に決済が行われています（株式等決済期間短縮化の実施により，2019年７月16日以降の約定分から，１営業日短縮されました）。

2．実務上の留意点

(1)　フェイルとは

清算参加者の株式等の注文の執行における実務上の留意点として，フェイルの防止が挙げられます。

フェイルとは，渡方参加者が，やむをえない事由によって決済日の渡方証券決済時限（DVP決済においては，決済日の13時）までに株式等の引渡しを行わなかった場合をいいます。この場合，JSCCにおいてフェイルとなった銘柄の受方参加者（被フェイル参加者）を確定させた上で，当該株式等および決済代金の授受を翌日に繰り越し，繰り越された日を決済日とする売買取引の決済と再ネッティングした上で授受することとなります（〔JSCC〕業務方法書62条）（JSCCウェブサイト「フェイル（証券決済未了）」）。

(2)　フェイルによる不利益

株式市場において，約定時に予定していた決済日に受渡しが行われることを前提に流動性が形成されていることから，市場の信頼性，高い流動性を確保するため，フェイルは例外的な対応として，濫用が禁じられています（〔JSCC〕業務方法書62条の２）。

フェイルを起こした参加者は，JSCCから，速やかなフェイル解消要請，社内管理体制の見直し等を促すための四半期ごとのフェイル削減要請，調査の実施および業務執行体制等に問題がある場合の勧告，業務執行体制等の改善指示，各清算参加者に対する通知・公表を受けることがあります（〔JSCC〕業務方法書21条・29条１項・34条７項・37条。前掲・JSCCウェブサイト「フェイル（証券決済未了）」）。また，JSCCに対して遅延損害金（フェイルを発生させた日からフェイル代金相当額100円につき４銭）等の支払いが必要となります（〔JSCC〕証券決済未了の場合およびバイインの取扱いに関する規則３条・４条）。

(3)　フェイル防止の対応

このように，市場への悪影響および参加者自身にも不利益があることから，フェイルを起こさないための対策が必要です。フェイルの主な原因として，たとえば，①海外顧客（非居住者）との時差等によるミスコミュニケーションにより，受渡しができない場合，②参加者または顧客のシステムトラブルにより受渡しができない場合，③参加者自身のオペレーションミス等により受渡しが決済時限に間に合わなかった場合等が考えられ，これらのミス等が発生しないような注文執行体制の仕組み作りが重要です。

Q24 債券の注文の執行

証券会社の法務部門でマーケット部門のフィクストインカム担当部署からの相談に対応することになりました。債券等の注文の執行に関連した法規制について教えてください。

債券等のフィクストインカム分野の商品についても金商法が適用されるものが大半ですが，性質上，株券等とは異なり適用されない規制も存在します。一方，デリバティブ取引に特有の規制や貸付債権の取引に係る法規制の存在にも留意しましょう。

1．フィクストインカム

フィクストインカムとは，一般に債券に代表される確定利付きの金融商品を指します。エクイティに対するデットと概ね同義ですが，投資家側からの呼称としてはフィクストインカムとの名称のほうが一般的なようです。代表的なものとしては，国債，地方債，特殊法人債，資産流動化法上の特定目的会社が発行する特定社債，社債などに加え，金利スワップ，通貨スワップ，クレジット・デリバティブ等，エクイティデリバティブを除く各種デリバティブ取引や，金銭消費貸借契約に基づく貸付債権なども含まれます。

2．債券等に関連した法規制全般

(1) 社債券のような有価証券の場合

まず，債券等も有価証券（金商法2条1項）である以上，金商法の適用を受けることになります。もっとも，株券に代表されるエクイティ性の有価証券と異なり，適用を受けない規制も多く存在します。会社の支配権に関連したルールである公開買付制度や大量保有報告制度は，新株予約権付社債のように潜在的にエクイティの性質を有している場合を除き，債券には適用がありません。また，上場会社のインサイダー取引規制についても，社債券については，いわゆるデフォルト情報以外の重要事実を知って行った売買等については適用除外取引に該当することになります。さらに，同じような取引であっても，株券と債券とでは取引形態が異なるため法令上の整理が異なる場合もあります。たとえば，顧客からの株券の売買の注文に対しては，証券会社は，証券取引所に注文を取り次ぐ（有価証券の売買の取次ぎ。同条8項2号）ほか，自己勘定との間での取引を行うこともありえます（有価証券の売買。同項1号）。一方，債券の場合には，売買の取次ぎは通常の実務では行われず，一般に自己勘定との間での取引となります。この基本的な構造の違いから，証券会社の海外拠点が顧客と行う取引に対して日本法人が関与する場合についても，株券の場合には委託注文と整理する一方，債券の場合には代理取引と整理するといった差異が生じることになります。

(2) 貸付債権のように有価証券ではない場合

貸付債権の中でもシンジケートローンの場合には，資金調達手法として社債と機能が類似しているとの指摘もありますが，金商法制定時の議論から現在まで有価証券とは扱われていません。証券会社においてもストラクチャードファイナンスの部署などがローンの貸付や貸付債権の譲渡をビジネスとして行っていますが，これらの取引は，金商法ではなく，貸金業法による規制を受けることになります。

(3) デリバティブ取引の場合

デリバティブ取引については，金商法により規制されます。有価証券とは別に，市場デリバティブ取引，店頭デリバティブ取引および外国市場デリバティブ取引を総称する「デリバティブ取引」（金商法2条20項）との概念が置かれています。デリバティブ取引については，開示規制をはじめとした金融商品取引法上の各種規制の適用を受けませんが，顧客保護の観点から，一部の行為については特に厳しい行為規制が課されることに留意が必要です。このようなものとして，勧誘規制，書面交付義務，ロスカットルール（証拠金維持率がロスカット基準を割り込んだ場合，すべての未決済建玉を自動的に反対売買するルール），レバレッジ規制および分別管理義務などが挙げられます。

3．債券取引の一例―仕組債

上記2のように，同じ有価証券であっても債券の注文の執行に係る法的な整理は株券の場合とは必ずしも一致しません。ここでは債券取引の一例として，海外で発行される仕組債における法的整理を概観してみます。

(1)　仕組債とは

仕組債とは，通常の債券とは異なり，デリバティブ取引の利用により投資家のニーズに合ったキャッシュフローを生み出す仕組みを内包した債券をいいます。実務上，主に外国において発行され，外債として日本国内に持ち込まれ国内の投資家に販売されています。

(2)　海外発行の仕組債のフロー

仕組債が海外で発行され，日本国内の投資家に販売されるまでのフローの一例は，次のようになります。なお，国内での販売に携わる証券会社の位置付けなど下記と異なる整理もあることにはご留意ください。

① 日本国外で，現地法に基づいて仕組債を発行
② 日系証券会社のロンドン等の海外拠点が当該仕組債をunderwriteする（英国法等による引受け）
③ 日系証券会社の海外拠点が一般に発行日翌日に同社の日本法人に対して当該仕組債を譲渡する
④ 海外拠点から当該仕組債を譲り受けた証券会社は，これを国内の一般投資家に対して直接売出しを実施，または販売を担当する他証券会社に仕組債を卸売りした上で，当該他証券会社が一般投資家に売出しを実施する

このフローのうち，①と②については，日本国外で行われる取引ですので金融商品取引法等の日本の法令ではなく現地法に基づくものとなります。そして，③にて，海外拠点が自らの日本法人に仕組債を譲渡する行為はセカンダリーマーケットにおける取引と考えられており，売出しの適用除外取引（金商法施行令１条の７の３第５号）に該当します。なお，発行日翌日とされているのは，従来，外国債券の発行日翌日渡しが新発債ではなく既発債の取引として扱われるという実務慣行（ワンデーシーズニング）が存在し，その結果，証券会社が国内流通を図りやすかったことによります。現在も決済実務の観点から，日本国内のリテール投資家への販売については発行日翌日渡しとされることが通常と思われますが，平成21年金融商品取引法改正によりワンデーシーズニングの

意義は失われているとの評価もあります。そして，④において，有価証券届出書を提出して売出しとして50人以上の一般投資家に勧誘を行い，または，販売を担当する他証券会社に売付け（こちらの取引は，施行令1条の7の3第6号により売出しの適用除外取引に該当します）を行った上で当該他証券会社が投資家に売出しを行います。

(3)　まとめ

外国で発行された債券を日本国内に持ち込み販売するという取引ですので，日本法のみならず外国の現地法も絡むなど複雑に感じられるかもしれません。また，金商法の概説書でもあまり触れられることのないワンデーシーズニングという耳慣れない従来の実務慣行にも触れました。債券の取引に限らず，有価証券の取引においては長年の実務慣行も多数存在し，それらは法令の規定から直ちに読み解けるものではありませんし，金商法等の代表的な概説書でも触れられていないことが通常です。証券会社の法務担当者としては，法令に関する知識を充実させ，法令に基づいた判断を行わなければなりませんが，同時にさまざまな分野に存在する実務の慣行を理解することも重要となるでしょう。

5．新しいサービス（HFT, FinTech）

Q25 High Frequency Trading（HFT）

マーケット部門から高速取引やアルゴリズムトレーディングについての法規制においてどのように実効性を担保するかについて質問を受けています。法令上の規制を遵守するために顧客に対してどのように対応すべきでしょうか。また，これらの取引について，証券会社はどのようなサービスを行っている，または行うことができるのでしょうか。

A

証券会社が高速取引による有価証券の売買等の受託を受けるためには，投資家が高速取引行為者の登録を受けていること，業務運営体制，リスク管理体制の確認を行うことが必要となります。証券会社は，従来からさまざまなアルゴリズム取引を提供しており，近年では個人投資家もアルゴリズム取引を利用できるようになってきました。

1．アルゴリズム取引・高速取引に対する規制

アルゴリズム取引とは，一般的に，株価や出来高などに応じて，コンピューターが自動的に株式売買注文のタイミングや数量を決めて注文を繰り返す取引をいいます。これに対して，高速取引とは，アルゴリズム取引同様にコンピューターのプログラムによる自動発注を行うとともに，コロケーションと呼ばれる手法（一般的に，証券取引所の売買システムや情報システムに物理的に近い場所に，売買等のためのプログラムを組み込んだ機器を設置することで，高速度のアクセスを提供するサービスを指します）を用いることによって，千分の１秒，万分の１秒といった高頻度での発注を繰り返す取引手法をいいます。これらの取引手法，特に高速取引については，フラッシュクラッシュと呼ばれる相場急落現象の一因ともされ，潜在的には相場操縦等の可能性も存在することからその規制が各国で議論されてきました。

その結果，2018年から，欧州ではアルゴリズム取引と高速取引のいずれも

MiFIDⅡにおいて規制されることとなりましたが，わが国においてはアルゴリズム取引全般ではなく，高速取引についてのみ規制が導入されています。

(1)　平成29年改正金商法における規制

平成29年改正金商法において導入された高速取引規制は，高速取引により行われる日本市場における取引量の増加およびその影響力の増大を踏まえ，ボラティリティの急激な上昇，取引コストの増加または価格形成の阻害などの懸念への対応として，株式等の高速取引行為を行う者（「高速取引行為者」）に対して，登録制を導入するとともに，体制整備，リスク管理および当局への情報提供の義務等を課すものです。本規制の導入により，金商業者等または取引所取引許可業者以外の者で高速取引行為にあたる取引を行っている者は，当局に登録申請を行い，登録を経なければならないこととされました。

また，規制の実効性確保の観点から，株式等の売買を受託する金商業者等（金商業者および登録金融機関）は，登録済みの高速取引行為者以外の者が行う高速取引行為に係る株式等の売買を受託することを禁止されることとなります。そのため，取引を受託する金商業者等にとっても，登録制が導入される以前から高速取引による株式等の売買を発注してきた顧客と取引を継続するためには，当該顧客が高速取引行為者として登録済みであること，一定の体制が整備されていることの確認が必要とされることになりました。

(2)　証券会社に求められる対応

今回の改正について検討を行った金融審議会市場ワーキング・グループによる報告書において，高速取引行為規制については，海外に拠点を有する投資家との関係でも実効性を確保することが必要であるとされており，かかる問題意識から，売買を受託する金商業者等に一定の義務が課されることとなりました。

具体的には，金商業者等，取引所取引業務を行う者，高速取引行為者以外の者が行う高速取引行為に係る有価証券の売買または市場デリバティブ取引の委託を受ける行為の禁止，および，これに準ずるものとして，高速取引行為の登録を経ている高速取引行為者であっても，高速取引を行うための体制整備，リスク管理を適正に講じていることが確認できない投資家からの取引の受託行為の禁止が新たに金商業者等の禁止行為に加えられました（改正後金商法38条８号・60条の13，業府令116条の４）。

そのため，金商業者等としては，投資家が高速取引行為者の登録を受けていることのみならず，業務運営体制，リスク管理体制の確認ができなければ，高速取引行為による有価証券の売買等の受託を受けることはできないこととなります。この確認方法については，監督指針Ⅳ－3－2－3⑷において言及されており，たとえば，「取引開始時に，高速取引行為者の業務管理体制として定める，取引システムの管理を十分に行うための措置を講じていることを書面等で確認できないこと」，「取引開始後に，高速取引行為者の取引システムに異常が発生した場合に，書面等による適切な報告・説明を得られないこと」が確認のできない場合にあたるとされています。

加えて，金商業者等は，高速取引行為に係る注文の受託等を開始した後に，高速取引行為者が無登録者等に該当することとなった場合には，直ちに受託等を中止するための措置を講じることが必要とされており，その措置の例として，高速取引行為者との契約等において，無登録者等に該当した場合にはその旨を直ちに金商業者等に伝える旨を合意することが挙げられています。これらの内容に関しては，それぞれ監督指針改正案で示されている例示以外にどのようなものが該当しうるか，実務を踏まえた検討を行う必要があります。

2．証券会社が提供するサービス

上記１のように，証券会社は，機関投資家層の顧客に対して従来からアルゴリズム取引による注文の執行を提供しています。アルゴリズム取引にはさまざまなプログラムが存在しますが，売買高加重平均価格（VWAP）による取引の執行を行うVWAPギャランティ取引をはじめとした各種の取引があり，現在では個人投資家も利用できるようになってきました。一方，高速取引を実現するためのコロケーションサービスは，証券取引所の売買システム等のサイト内に，売買執行等のプログラムをインストールした取引参加者等の機器等を設置するスペースやネットワーク等を提供するサービスですので，一義的には証券取引所によって提供されることになります。その上で，取引参加者である証券会社としては，自らが取引所内に設置する機器等を顧客に提供することにより，顧客が取引所において高速取引を行うことを可能とすることになります。

Q26 FinTech

最近FinTechの話題をよく聞きますが，証券会社に関連するFinTechのサービスにはどのようなものがありますか。

証券会社に関連するFinTechのサービスとしては，ロボアドバイザー，パーソナルフィナンシャルマネジメント（PFM），クラウドファンディングなどがあり，実際にサービスの提供が始まっています。また，仮想通貨は，証券会社の既存サービスとの関係が問題となるFinTechのサービスといえます。

1．証券分野とFinTech

FinTechとは，FinanceとTechnologyからの造語ですが，たとえば「ICT テクノロジーを活用して，金融，決済，財務サービスを革新・再構築する動き全般」（証券業界とフィンテックに関する研究会「フィンテック時代の証券業」（平成30年６月））と説明されています。金融危機の後に，アメリカを中心に進展してきましたが，銀行，証券，保険等の業態を問わず，さまざまなサービスが開発されてきています。FinTechの中心的な分野としては，決済・送金に関わるものが挙げられ，決済機能をその業務の中核と捉えてきた日本の銀行業に対する影響や銀行とFinTech企業との協働が課題となっています。銀行については，FinTech企業への出資を容易にするための５％ルールの緩和やオープンイノベーションを促進するオープンAPIの義務化に関する銀行法改正が相次ぐなど法制面での対応も進んでいます。これに対して，証券業に関係するものとしては，ロボアドバイザー，パーソナルフィナンシャルマネジメント（PFM），クラウドファンディングなどのサービスがあり，実際にサービスの提供が始まっています。

2．ロボアドバイザー

ロボアドバイザーは，資産運用・形成に関連したサービスで，利用者がオンライン上での質問に答えることにより，各利用者のリスク許容度等をアルゴリズムが判断し，当該利用者に適したポートフォリオを提示します。従来，富裕層や機関投資家向けに事実上限定されていた投資助言サービスが人の手によって行われてきたのに対して，ロボアドバイザーではAIを利用することによって，低価格で一般投資家向けのサービスを提供することが可能になったといわれています。既に，各証券会社や投資助言業者，投資運用業者によりサービスが行われています。

3．パーソナルフィナンシャルマネジメント（PFM）

パーソナルフィナンシャルマネジメント（PFM）は，銀行，証券，クレジットカード等の口座ごとの情報を合算し，利用者に資産状況をわかりやすく提示するとともに，家計簿の自動作成等を行うサービスです。これは証券業に限らず，金融業全体に関係しますが，個人顧客と金融機関との間をつなぐサービスとして注目されます。

4．クラウドファンディング

クラウドファンディングとは，資金需要者と資金提供者とをインターネット上でマッチングする仕組み，サービスをいいますが，企業や個人に資金調達の機会を与えるとともに投資家にとっては新たな投資の対象を生むことになります。寄付型，売買・役務提供型，貸付型，投資型の４つの類型があるとされ，投資型は株式型とファンド型に分けられます。現行法の規制の下では貸付型か，投資型のクラウドファンディングが主に利用されています。

(1)　貸付型クラウドファンディング

貸付型は，ソーシャルレンディング，P2Pレンディングともいわれますが，金融機関の与信審査において従来使われてこなかった，クレジットカードの決済情報，パーソナルフィナンシャルマネジメントのデータ，SNSの情報などを用いることで，従来は銀行から融資を受けられなかった顧客についても融資を実現することが期待されます。また，各種情報のスコアが良好な借主は，銀行融資よりも低い金利で借入れを行うことができ，貸主は銀行預金よりも高い金利を期待できるとされています。一般的に，貸付型クラウドファンディングの業者は，匿名組合出資の形で投資家から資金を募り，その資金を元手に融資を行うことになります。融資を行うため貸金業の登録が必要であり，また匿名組合出資の募集のため原則として第二種金融商品取引業の登録が求められます。

(2)　株式型の投資型クラウドファンディング

株式を利用した投資型クラウドファンディングは，資金調達者が株式を発行し，投資家がこれを引き受けることで資金調達を実施するものです。従来からの公募増資と同様の手法ともいえますが，キャピタルマーケットを利用せず，インターネットで広く小口投資家から少額の資金を集める点で異なります。株式型の投資型クラウドファンディング業者は，株式の募集の取扱いを行うため，原則として第一種金融商品取引業の登録が必要となります。

この点，インターネットを通じた株式または新株予約権証券の募集の取扱いに限定され，募集総額1億円未満，1人当たり投資額50万円以下（金商法29条の4の2第10項）との限度であれば，第一種少額電子募集取扱業の登録のみで行うことができます。第一種金融商品取引業と比べ，募集金額の上限等に制限が課される代わりに最低資本金（第一種金融商品取引業では5,000万円のところ，1,000万円）その他の要件が緩和されています。実際の資金調達事例も相次いでおり，2018年3月15日公表分までで24件，1件平均約3,000万円の資金調達がなされています（松尾順介「拡大する国内株式投資型クラウドファンディング」証研レポート1707号）。

(3)　ファンド型の投資型クラウドファンディング

株式型に対して，ファンド型では，資金調達者が匿名組合出資により投資家からの資金調達を実施します。ファンド型の投資型クラウドファンディング業者は，匿名組合出資持分の募集の取扱いを行うことになりますので，原則として，第二種金融商品取引業の登録が必要となります。ファンド型についても，インターネットを通じたファンドの持分の募集の取扱いであり，ファンドの募集総額1億円未満，1人当たり投資額50万円以下（金商法29条の4の3第4項，同法施行令15条の10の3第2号）との限度であれば，第二種少額電子募集取扱業の登録のみで行うことができます。第二種金融商品取引業に比べ，最低資本金（第二種金融商品業では1,000万円のところ，500万円）その他の要件が緩和されています。

5．仮想通貨

Bitcoinをはじめとした仮想通貨の取引は，近年，急速に拡大しています。仮想通貨には決済機能もあるとされますが，決済インフラの整備されていない発展途上国ではともかく，日本や欧米の先進諸国のように高度な決済インフラが整備されている国・地域では，仮想通貨は，決済のためというよりも，投資商品という性格が非常に強く出ているのが現状です。非常にボラティリティが高いことも投資対象として好まれる背景となっています。仮想通貨の売買，交換等のサービスを業として行うためには，仮想通貨交換業（資金決済に関する法律（資金決済法）２条７項）の登録が必要となります。第一種金融商品取引業者が仮想通貨交換業を行うためには，金融商品取引法上の承認業務としての承認申請も必要となります，

また，仮想通貨を発行することにより資金調達を行うICO（Initial Coin Offering）という手法が注目を集めており，スイス，香港では活発に行われているようです。ICOは，伝統的な株式や債券により資金調達と比べ，将来的な元本の償還，配当の支払いといった負担なくして資金調達ができるメリットがあるといわれます。その点で，証券会社が関与する資金調達と競合関係に立つとも考えられるところです。もっとも，ICOについては規制の適用関係が不明確であり，投資家の保護や情報開示の規制も整備されていません。実際に詐欺的なICOも少なくないといわれており，今後，法規制が十分に整備されるといったことがない限り，証券会社の既存サービスとは，現実的には競合関係に立たないことも考えられます。

6．リテールに関する問題

Q27 金融商品の販売に対する法的規制

個人の顧客に有価証券等の金融商品を販売する場合，どのような法的規制がかけられているのですか。

まず，金商法の規制としては，取引態様の事前明示義務，契約締結前交付書面の交付義務，説明義務，契約締結時交付書面の交付義務，虚偽告知の禁止，断定的判断提供等の禁止，不招請勧誘等の禁止，特別の利益の提供の禁止，偽計・暴行・脅迫の禁止などが定められています。さらに，金販法上も，説明義務や断定的判断の提供の禁止が定められ，これらに反した場合の損害賠償責任が定められています。

1．金融商品取引法上の主な規制

(1) 取引態様の事前明示義務（金商法37条の２）

金商業者等は，自己が顧客の相手方となって取引を行うのか，ブローカーとして取引を仲介するのかを予め顧客に明示する必要があります。

(2) 契約締結前書面の交付（金商法37条の３）

金融商品取引の仕組みやリスクを口頭の説明のみで理解することは一般の投資者には困難であるため，顧客がこれらの内容を十分に理解することができるように，金商業者等は，金融商品取引契約の締結前に顧客に対して元本欠損・元本超過損が生ずるおそれや手数料等の一定の事項を書面で交付する義務があります。また，書面交付に伴う説明義務も定められています（業府令117条１項１号）。

ただし，上場有価証券に係る売買その他の取引につき過去１年以内に顧客に対して契約締結前書面を交付している場合（金商法37条の３第１項ただし書，業府令80条）等，投資者の保護に支障が生ずることがないとして内閣府令に定める場合には，契約締結前書面の交付が不要とされています。

(3)　契約締結時書面の交付（金商法37条の４）

金商業者等との間で行った取引が合意されたとおりに締結されたか，または注文どおりに執行されたか等につき顧客が速やかに確認することができるようにするため，金商業者等は，顧客との間で取引が成立した際に書面を交付する義務を負っています。ただし，顧客に交付をしなくても公益または投資者保護のため支障を生ずることがないと認められるものとして内閣府令で定める場合は交付が不要とされています（業府令110条１項）。

(4)　虚偽告知の禁止（金商法38条１号）

金商業者等またはその役員もしくは使用人は，金融商品取引契約の締結や勧誘に関して，顧客に対し虚偽のことを告げてはなりません。当社の投資判断の適切な形成を確保する趣旨であり，違反した場合には刑事罰も定められています（金商法198条の６第２号）。

また，同様の趣旨から，虚偽の表示をしまたは重要な事項につき誤解を生じせしめるべき表示をする行為も禁止されています（業府令117条１項２号）。

(5)　断定的判断の提供の禁止（金商法38条２号）

顧客による適切な投資判断を確保するため，不確実な事項について確実であるかのように断定したり，確実であると誤解させるおそれのあることを告げたりする勧誘は禁止されています。なお，結果的に判断が的中したか否かやその結果として顧客が利益を得たかは本規制の適用に関係がなく，また，合理的な材料を用いて断定的な判断を提供した場合にも適用されることに留意が必要です（河本一郎＝関要『逐条解説 証券取引法〔三訂版〕』（商事法務，2008）554～555頁）。

(6)　不招請勧誘の禁止（金商法38条４号）等

金融商品取引契約の締結の勧誘の要請をしていない顧客に対し，訪問または電話による勧誘行為は禁止されています。電話は飛込みでの訪問による勧誘においては，顧客が受動的な立場になりがちで金融商品の仕組みやリスクを理解しないままに契約を行うおそれがあることからこれを防止する趣旨です。

また，広義の不招請勧誘規制として，勧誘受諾意思を確認しない勧誘（同条５号）および再勧誘（同条６号）も禁止されています。さらに，業府令では，迷惑勧誘の禁止（業府令117条１項７号），勧誘目的集客行為の禁止（同項８号）

および勧誘を希望しない顧客への勧誘の禁止（同項9号）も定められています。

(7) 特別の利益の提供の禁止（業府令117条1項3号）

金融商品取引契約につき，顧客やその指定した者に対し，特別の利益の提供を約束し，または，顧客もしくは第三者に対し特別の利益を提供する行為は禁止されています。顧客の投資判断を歪めることを防止するとともに，顧客の不公平な取扱いを禁止する趣旨に基づくものです。

(8) 偽計・暴行・脅迫の禁止（業府令117条1項4号）

金融商品取引契約の締結または解約に関し，偽計，暴行または脅迫をする行為は禁止されています。

2．金販法上の主な規制

金販法においても，金商業者等は，顧客に対し重要事項についての説明義務を負っており（同法3条），断定的判断の提供の禁止も定められています（同法4条）。また，これによって生じた当該顧客の損害についての賠償責任も定められています（同法5条）。

3．実務上の留意点

以上のように，個人の顧客に有価証券等の金融商品を販売する場合，さまざまな法的規制が定められているため，法務担当者としては，自社の販売行為が法令上の規制を満たしたものであるのか，常に気を配る必要があります。また，法令上の規制だけでなく，自社の加入団体の定める自主規制ルールや社内規程に基づく制限もありますので，コンプライアンス部署とも協働して，自社のセールスプラクティスをモニターしていく必要があると考えられます。

COLUMN 2

証券会社の法務と働き方改革

働き方改革の関連法が今年から施行されました。金融機関の法務は，扱う内容が複雑，広範である一方，昨今の低金利環境や金融商品の手数料低下等を背景とした厳しい収益環境の下，少人数での運営を求められる企業も少なくありません。また，証券会社では，顧客との関係上，短いタイムスパンでの対応を求められる場面も多くなりがちです。

顧客との関係でスピーディーな対応を求められるのは，法律事務所の典型的な特色であり，法律事務所の業務は，深夜や休日にも及びがちです。もっとも，裏を返せば，それは業務時間の制限の少なさの表れでもあります。

これに対して，証券会社を含む金融機関，特に日系金融機関では，労働時間に関する制約が大きいのが通常と思われます。また，ヘッドカウントのため法務部員の増員が困難といった事情があることも珍しくはありません。その結果，法律事務所のような長時間労働にはならない場合も，執務時間中の忙しさという意味では，金融機関の法務部門も大変多忙となることが起こりえます。

そのような状況では，限られた時間内でいかに効率的に業務を進めるか，という観点が日常業務において非常に重要になります。たとえば，外部の弁護士に依頼する案件や自ら処理する案件の適切な振分けや，他部署との効率的な業務分担といったことを考える必要があります。このような問題は，決して金融機関の法務に限った話ではなく，社会人としての一般的なスキルに属するものでしょう。しかし，企業の中で法律業務を行う際には，常に意識することが必要となります。

Q28 適合性原則と民事責任

顧客から，証券会社から勧誘されて契約したデリバティブ取引は適合性原則に違反しているため，取引で発生した損失額の賠償を求める旨の訴訟が提起されました。証券会社が適合性原則に違反した場合，損害賠償責任は発生するのでしょうか。

A

証券会社が，顧客の意向と実情に反して，明らかに過大な危険を伴う取引を積極的に勧誘するなど，適合性の原則から著しく逸脱した証券取引の勧誘をしてこれを行わせたときは，当該行為は不法行為法上も違法となります。

証券会社の勧誘行為が適合性原則に違反するか否かは，具体的な商品特性を踏まえて，これとの相関関係において，顧客の投資経験，証券取引の知識，投資意向，財産状態等の諸要素を総合的に考慮して判断することになります。

法務担当者は，訴状が送達されたら，直ちに証拠収集を進め，訴状記載の事実関係の真偽等を確認した上で，訴訟追行の方針を定めることになります。

また，損失補塡規制との関係で，証券会社は，①和解するか否か，②和解する場合に顧客に対して損失の何割を支払うか等の判断を慎重に行う必要があります。

1．法律上の整理

(1) 適合性原則とは

金商業者は，金融商品取引について，顧客の知識，経験，財産の状況および金融商品取引契約を締結する目的に照らして不適当と認められる勧誘を行って投資者の保護に欠けること，または欠けることとなるおそれがないようにその業務を行わなければなりません（金商法40条1号）。

これが一般に，適合性原則とよばれているものです。適合性原則は米国で形成・発展してきましたが，平成2年に国際証券監督者機構が行為規範に掲げて以降，証券取引におけるグローバルスタンダードとして認知されています。日本でも，平成4年の証券取引法改正で明文化されました（それまでは，大蔵省が行政指導の形で要請していました)。

(2)　適合性原則違反の私法上の効果

金商法40条1号およびその前身たる旧証券取引法43条1号は，金商業者に対する行為規制であり，直接には業者に対する取締規定にすぎません。したがって，同規定に対する違反の効果は，違反した業者に対する是正命令や罰則の適用であり，直接私法上の効果が結びつくものではありません。もっとも，現在では，適合性原則に違反した業者の私法上の責任と結びつけて考えられています。

適合性原則違反の民事上の責任に関して最上級審として明確な判断を示したのが最判平17・7・14民集59巻6号1323頁（以下「平成17年最判」といいます）です。同判決は「証券会社の担当者が，顧客の意向と実情に反して，明らかに過大な危険を伴う取引を積極的に勧誘するなど，適合性の原則から著しく逸脱した証券取引の勧誘をしてこれを行わせたときは，当該行為は不法行為法上も違法となる。」と判示しました。

最高裁判所は，適合性原則に違反することが直ちに不法行為責任を発生させるのではなく，その違反が適合性原則を「著しく逸脱した場合」に初めて不法行為責任が生じるとして一定の要件を加重しています。

(3)　過失相殺

平成17年最判を前提として不法行為責任を肯定した裁判例の多くは，顧客側の過失をも認め，過失相殺を行っています。そして，過失相殺の内容については，顧客側の過失を5割以上とするものも多く見られます（たとえば，東京高判平19・5・30金判1287号47頁，大阪地判平21・3・4判時2048号61頁，東京地判平23・8・2金法1951号162頁など)。大幅な過失割合による過失相殺を認めてでも投資家の請求を認容することは，わずかでも投資家の負担を減らし，その救済を図ることを裁判所が意図していることの現れといえます。

2．実務上の留意点

(1)　訴状が送達されたら，直ちに証拠収集を行う

平成17年最判は,「不法行為の成否に関し，顧客の適合性を判断するに当たっては，単にオプションの売り取引という取引類型における一般抽象的なリ

スクのみを考慮するのではなく，当該オプションの基礎商品が何か，当該オプションは上場商品とされているかどうかなどの具体的な商品特性を踏まえて，これとの相関関係において，顧客の投資経験，証券取引の知識，投資意向，財産状態等の諸要素を総合的に考慮する必要がある」と判示しています。

そのため，証券会社の具体的な勧誘行為が適合性原則に違反しているか否かを判断するためには，顧客に販売した金融商品の内容，顧客の投資経験，証券取引の知識，投資意向および財産状態等を正確に把握する必要があります。

よって，証券会社の法務担当者は，訴状が送達されたら，直ちに証拠収集を進め，訴状記載の事実関係の真偽等を確認した上で，訴訟追行の方針（全面的に争うのか，和解を提案するのか等）を定めることになります。具体的には，当該顧客の担当者およびその関係者からの事実関係のヒアリングが重要ですが，それ以外にも客観的な資料等から把握できる事項もありますので，事案に応じて必要かつ相当な事実関係の調査を行う必要があります。

(2) 適合性原則違反がなくても説明義務違反が認定される可能性がある

平成17年最判以降の裁判例について見ると，「加重要件」を課すようになり，これによって理論上は不法行為責任を認定するハードルが高くなりましたが，それにもかかわらず，証券会社等の責任を認める裁判例が多く見られるようになりました（大阪地判平18・4・26判タ1220号217頁，東京高判平19・5・30金判1287号37頁，大阪高判平20・6・3金判1300号45頁，東京地判平21・10・26判タ1324号191頁など）。このことを踏まえ，①「加重要件」が実際には適合性原則違反の認定を妨げる障害にはなっていないことを意味するとする見解（川地宏行「投資取引における適合性原則と損害賠償責任（2・完）」法律論叢84巻1号53頁）がある一方で，適合性原則を考慮しつつ説明義務違反を認める裁判例が増加している（東京地判平18・6・7金判1287号47頁，大阪地判平22・3・30金法1914号77頁，東京高判平23・10・19金法1942号114頁，大阪地判平23・12・19判時2147号73頁など）ことについて，②「加重要件」を意識し，適合性原則違反を狭く解することで適合性の欠如はないとしつつも，適合性の「不十分な者」を説明義務違反で救済しようとする意図に出たものとする見解（潮見佳男「適合性の原則に対する違反を理由とする損害賠償—最高裁平成17年7月14日判決以降の下級審裁判例の動向」現代民事判例研究会編『民事判例V 2012年前期』（日本評論社，2012）

6頁）も見られます。

実務的な感覚からすると，②適合性の「不十分な者」を（説明義務の程度を引き上げることで）説明義務違反で救済しようとする裁判官のほうが比較的多いようにも思われます。そのため，証券会社としては，適合性原則違反がない場合でも，説明義務違反が認定される可能性がある点に留意する必要があります。

(3)　和解の判断は慎重に行う

訴訟提起後の社内調査で顧客への勧誘行為に問題が見つかった場合や訴訟の過程で裁判所から和解勧試がなされた場合等は，証券会社として，顧客と和解をするか否かの判断をすることになります。

この場合，損失補塡規制（金商法39条）との関係で，証券会社は，①和解するか否か，②和解する場合に顧客に対して損失の何割を支払うか等の判断を慎重に行う必要があります。すなわち，証券会社は，監督官庁に対して，和解をした理由等を詳細に説明する必要があり，仮に，合理的な理由のない和解や合理性のない内容の和解をしてしまうと後で問題になる可能性があるのです。

よって，証券会社の法務担当者としては，顧客と安易に和解するのではなく，和解をする合理的理由の有無を慎重に吟味する必要があります。

Q29 委託注文のキャンセル

顧客からの株式買付委託注文を執行したところ，金融商品取引所で約定が成立しましたが，顧客は「受渡し前なので注文をキャンセルしたい」といっています。証券会社は顧客の要求に対して，どのように対応するべきでしょうか。仮に，顧客からのキャンセル依頼が金融商品取引所での約定成立前であった場合はどうでしょうか。

A

金融商品取引所における株式等の売買において，顧客が証券会社（＝問屋）に売買を頼むと（＝委任契約），証券会社は，自己の名前で顧客のために売買注文を市場に出し，注文の結果（＝売買契約の成否）は顧客に帰属することになります。

金融商品取引所で約定が成立した場合，既に売買契約の効力が発生しているため，顧客は受渡し前であっても注文をキャンセルすることはできず，証券会社は受渡日が到来すれば顧客に買付代金を請求することができます。

一方，金融商品取引所で約定が成立していない場合，委任契約は各当事者がいつでもその解除をすることができるため，証券会社は当該注文のキャンセルに応じる必要があります。

1．法律上の整理

(1) 委託取引は委任契約によって行われる

顧客が証券会社に「○○株式を単価1,000円で100株買ってくれ」と発注し，証券会社がこれを受注した段階で，顧客と証券会社との間に，顧客の代わりに（後述する問屋として）「「金融商品取引所で売り手から株式を買い付けること」を証券会社に委託する契約（委任契約）」が成立します。

(2) 委任契約の内容

委任契約は，「当事者の一方が法律行為をすることを相手方に委託し，相手方がこれを承諾する」ことで成立します（民法643条）。本設問では，証券会社が顧客と委任契約を締結し，顧客から金融商品取引所で株式の「売買契約を締結する」という法律行為を委託されたことになります。

証券会社は，売買取引を委任された受任者として，顧客に対し，取引の結果を通知したり（同法645条），売買により受け取った金銭や株式を顧客に引き渡す義務を負い（同法646条），事務処理に際しては善管注意義務を負うことになります（同法644条）。その反面，顧客に対して，委託された法律行為を行った報酬として委託手数料を請求したり（同法648条，商法512条），買付代金や売り付けた有価証券の交付を請求することができます（民法650条）。

(3) 金融商品取引所での売買

売買契約は，売り手がある財産権を買い手に移転することを約束し，買い手が代金支払いを約束することで成立する契約です（民法555条）。本設問では，買方証券会社と売方証券会社との間で，「売方証券会社は株式を買方証券会社に移転し，買方証券会社が代金を支払う」という売買契約が締結されます。

(4) 証券会社は問屋

金融商品取引所における株式等の売買において，顧客が証券会社に売買を頼むと（＝委任契約），証券会社は，自己の名前で顧客のために売買注文を市場に出し，注文の結果（＝売買契約の成否）は顧客に帰属することになります。

このような取引を行う場合，証券会社の立場は商法上の「問屋」となります（商法551条）。本設問のように，証券会社が問屋として行動する（自己の名前で顧客のために株式売買を行う）場合，①顧客との関係（委任契約），②売方証券会社との関係（売買契約），という２つの関係が発生します。そして，証券会社と顧客との間で問題が生じても，当該証券会社と売買の相手方との関係に影響しない（たとえば顧客が買付代金の支払いを怠っても，買方証券会社は売方証券会社に代金を支払う必要がある），という特徴があります。

2．実務上の留意点

(1) 委託注文の「キャンセル」の意味

顧客とのやりとりの中で「キャンセル」という言葉が出てきますが，「キャンセル」には，法的に次の２つの種類があります。１つは，契約成立の前に，契約したいという申込みをなかったことにするもの，すなわち「申込みの撤回」であり，もう１つは，既に成立した契約をなかったことにするもの，すなわち「契約の解除」です。本設問の場合，顧客から委任契約の解除を依頼されたことになります。

① 約定成立後の場合

約定成立とは，金融商品取引所で「売買契約」が成立したことを意味します。

売買契約は「当事者の一方がある財産権を相手方に移転することを約し，相手方がこれに対してその代金を支払うことを約することによって，その効力を生ずる」ため（民法555条），契約成立と同時に効力が発生します。受渡日は，買主が代金を支払い，売主が株式を引き渡す期日（契約内容の履行日）であり，受渡日が到来しているか否かは契約の効力に影響しません。

そのため，買い注文が成立すると，買主は売主に対して代金を支払う契約上の義務を負うことになり，売買契約の成立前に遡って委任契約を解消することはできません。

よって，買主たる顧客は，約定成立後に注文を「キャンセル」することはできません。

なお，約定が成立すると，顧客は，証券会社に対して，売買成立の日から起算して4日目（金融商品取引所の休業日を除外する）の日の午前9時までに買付代金を支払う義務を負います（〔東証〕受託契約準則11条2項など）。

② 約定成立前の場合

約定成立前は，顧客（委任者）と証券会社（受任者）との間の買付けの委託，すなわち「委任契約」は成立していますが，買方証券会社と売方証券会社との間の売買契約はまだ成立していません。そして，委任契約は，契約の当事者双方が，いつでも解除することができます（民法651条）。

そのため，顧客は，金融商品取引所で約定が成立するまでの間は証券会社との委任契約を解除することができます。

よって，約定が成立する前であれば，証券会社は，顧客からの注文の「キャンセル」に応じる必要があります。

⑵ 初動として注文の現状を正確に把握する

顧客から「注文をキャンセルしたい」との依頼を受けた際は，最初に当該注文が，現在，どのような状況になっているのかを確認する必要があります。

金融商品取引所に発注される委託注文は，①成行注文と②指値注文に大別されます。①成行注文は，売買価格を明示せず，銘柄と数量のみを指定する注文であり，指値注文に優先して売買が成立します。対して，②指値注文は，銘柄と数量に加えて売買価格を明示する注文で，買いの場合には指値以下で，売りの場合は指値以上で取引される，という特徴があります。

顧客から成行注文を受注し，金融商品取引所へ注文を出した場合，通常であれば瞬時に約定が成立します（金融商品取引所への注文執行の流れについてはQ23参照）。そのため，成行注文については，本設問の後段のような問題はほとんど発生しないといえます。

一方，指値注文については，指定した価格が実際の取引価格から乖離している場合（たとえば，株価が1,000円前後で取引されている状況で，900円で買い付ける旨の指値注文を出す場合など），本設問の後段のような状況が発生します。もっとも，株式市場は変動が激しいため，市場での相場状況によっては，株価が急落して指値注文が約定する可能性があります。そのため，顧客から注文をキャンセルしたい旨の依頼を受けた場合は，注文の状況を正確に把握した上で対応することが顧客とのトラブルの未然防止につながります。

(3)　損失補塡規制との関係

実務では，約定後に株価が急落した際に「さっきの注文をキャンセルしたい」等といわれることもあります。このような場合に顧客の要求に応じる行為は損失補塡行為として金商法39条に違反することになります。

そのため，損失を被った投資家からの損失補塡要求に対しては毅然とした態度で当該要求を拒絶する必要があります。

Q30 未済金の回収

顧客が証券会社から社債を購入しました。代金は３営業日後までにいただくことになっていましたが，結局，支払期日を過ぎても入金がありませんでした。証券会社は，買付代金を回収するために，どのような方法をとることができますか。仮に，当該取引が株式買付委託取引の場合は，どのような方法が考えられますか。

A

証券会社は，相当の期間を定めて催告し，その期間内に履行がないときは，売買契約を解除して，販売した社債を取り戻すことができます。そして，当該社債の価額が販売時の価額より下落していた場合は，顧客にその下落分の賠償を請求することができます。

株式買付委託取引については，金融商品取引所の受託契約準則が適用されるため，顧客が所定の期限までに買付代金を証券会社に交付しない場合は，証券会社は任意にその売買を決済する契約（反対売買）を行うことができます。そして，決済（反対売買）の結果，損失が発生した場合には，その顧客の預り金や預り有価証券をもって，その損害の賠償に充当することができます。さらに，それでも不足があるときは，不足額の支払いを顧客に請求することができます。

また，顧客が保有する債券について利金・償還金が発生する場合，証券会社は，買付代金相当額（債権）と当該顧客に支払うべき利金・償還金相当額（債務）を対当額で相殺することができます。

1．法律上の整理

(1) 売買契約の解除と損害賠償請求

売買は「当事者の一方がある財産権を相手方に移転することを約し，相手方がこれに対してその代金を支払うことを約することによって，その効力を生ずる」ため（民法555条），当事者間の意思表示の合致で契約が成立し，買主は買付代金を支払う義務を負います。

そして，債務者が契約で定められた期限内の履行を怠った場合，債権者が相当の期間を定めてその履行の催告をし，その期間内にも履行がないときは，債権者は契約を解除することができます（同法541条）。契約が解除されると，債権者および債務者は契約前の状態を復元する義務を負い（たとえば，契約によって相手方から受け取ったものは返還する），また，債権者が損害を被ったときは，債権者は損害賠償を請求できます（同法545条）。

(2)　本設問の場合

本設問では，顧客が契約で定められた期限内（約定日の３営業日後まで）の履行を怠っているため，証券会社は相当の期間を定めて催告し（実務上は内容証明郵便を送付することになるかと思います），その期間内に履行がないときは，契約を解除することができます。

契約を解除すると，顧客が購入した社債は契約前の状態（証券会社の自己保有）に戻ります（実務上は，時価で顧客口座から証券会社の自己勘定へ売り戻す形をとります）。そして，契約時の価額より時価が上昇していた場合の差益は，（解除により，証券会社は社債を自己で保有し続けていたことになるため）証券会社の利益になります。逆に，時価が下落していた場合は，証券会社は価額下落分の損害を被るため，顧客にその損害の賠償を求めることになります（民法545条３項）。

(3)　金融商品取引所での取引

金融商品取引所での売買取引の委託は，当該取引所の受託契約準則に基づいて行われるため，金融商品取引所での売買について，顧客が所定の期限までに必要な有価証券または金銭を証券会社に交付しない場合，証券会社は任意にその売買を決済する契約（＝反対売買。株式を買い付けた場合は当該株式を売り付ける取引）を締結することができます（〔東証〕受託契約準則53条１項など）。これは，顧客に履行遅滞があれば，無催告で決済取引を行うことができる特約があるということです。そして，決済（反対売買）の結果，損失が出た場合には，その顧客の預り金や預り有価証券をもって，その損害の賠償に充当することができ，なお不足があるときは，不足額の支払いを顧客に請求することができます（〔東証〕受託契約準則53条２項など）。

もっとも，実務上は，金融商品取引所での取引の場合でも，顧客に履行遅滞があれば催告を行い（早急に支払いがない場合は反対売買を行い，損失が出たときは他の預り資産を処分する旨を伝える），それでも支払いがなかったときに初めてこれらの措置をとる，というのが通常の取扱いかと思われます。

⑷　受託契約準則の拘束力

金融商品取引所の受託契約準則を知らないという顧客も多いと思われますが，最高裁判所は，同準則は約款の一種と解されるとともに，「当事者がたとえ約款内容を具体的に了知しなくとも当該約款によって契約したものと認められるべき効力を生ずる」と判断しています（最判昭37・2・6集民58号513頁）。

2．実務上の留意点

⑴　履行の強制

債務者が履行遅滞をしている場合，債権者は，契約を解除する代わりに，司法の力を借りて買付代金を強制的に取り立てること（もともとの契約の履行の強制）もできます。本設問に則していえば，すぐに契約を解除するのではなく，債務名義を取得した上で顧客の資産を差し押さえ，金銭以外のものを差し押さえたときは換金する，という手続を選択することもできます。

もっとも，この場合，手続に時間と費用がかかる上，顧客に十分な資産がない場合は買付代金を回収することができないというデメリットがあるため，通常は，売買契約の解除や受託契約準則に基づく反対売買を行います。

⑵　相殺の可能性

実務においては，買付代金の入金を怠っている顧客が保有する他の社債等に利金や償還金が発生する場合があります。この場合，証券会社は，買付代金相当額（債権）と当該顧客に支払うべき利金・償還金相当額（債務）を対当額で相殺することができます。

相殺は，①当事者が互いに債務を負っている，②両債務が同種の目的を有している，③両債務が弁済期にある，という3つの条件を満たせば，相殺を行う旨の意思表示を相手方にすることで，一方的に行うことができます（民法505条1項・506条1項）。本設問のような場合，①②については，当社と顧客は互いに同種の金銭支払債務を負うことになります。③弁済期については，顧客の買付代金債務は既に履行遅滞になっていますから，当該顧客が保有する他の社債の利払い・償還さえ行われれば，相殺は可能となります。たとえば，他の社債の償還日における元利金支払いが103万円であり，未払債務が100万円であれば，証券会社は顧客に相殺実施の意思表示を行い，双方の債務のうち100万円分を消滅させ，顧客に３万円のみを支払って未済状態を解消することができます。

⑶　未済金の発生を防止するために

証券会社は，本設問のような未済金の発生を防止するために，予め，顧客との間で，買付代金相当額が事前に入金されていることを条件に取引を行う旨の契約を締結する場合があります。このような契約が締結されていれば，証券会社は入金があるまでは取引に応じる必要がないため，未済金は発生しません。もっとも，このような契約は顧客に不利なため（通常よりも早めに入金する必要がある），証券会社は当該契約を締結した顧客に各種割引サービスを提供する等して，事前入金を促しています。

Q31 リテール個人顧客に関する法律問題（相続・後見等）

リテールの個人顧客が死亡したり行為能力が認められなくなったりした場合，その後当社はどのようにその顧客の相続人や後見人と対応していけばよいでしょうか。また，その際，法務部としてはどのような点に留意すればよいですか。

A

顧客が死亡した場合，当該顧客との既存契約は，当然には終了せず相続人に承継されると解されますが，顧客との契約ごとに，当該契約における顧客死亡時の取扱いについての定めの有無や当該契約の性質等によって判断することになります。相続に関する相談は，個別事情によって判断が異なるため，相談を受ける法務部としては，遺言書や遺産分割協議書その他の相続関係書類を相談部署から受け入れた上で事実関係を確認し，相続人同士またはその他の利害関係人との紛争に巻き込まれる可能性を踏まえて対応を検討する必要があります。

成年後見が開始された場合は，成年後見人が代理権を有することになりますが，成年後見人の善管注意義務としてどこまで証券取引をできるかは争いがありうるので，特に高リスクの金融商品の買付けの受注については慎重に対応すべきでしょう。

1．顧客が死亡した場合

(1) 既存の契約の帰趨

顧客が締結していた既存の契約や発注等については，原則として，死亡によって当然には終了せず，相続人に承継されると解されます。もっとも，約款を含む顧客との契約において顧客の死亡時の取扱いについての定めがあれば，これに従うことになります。また，契約の性質が委任契約である場合，事業上の契約であれば，委任者の死亡が終了事由とされている民法653条ではなく，商行為として商法506条に基づき終了しないと解されるものの，契約の性質上，顧客の死亡時には終了すると解されるものもありうることから，顧客との個別の契約ごとに判断することになります。

(2)　相続に関する相談にあたっての留意点

顧客の口座内にある金融商品は，相続人や遺言執行者の申出により相続手続として移管することになります。この点，多くの証券会社では，社内手続やマニュアル等において，顧客から受け入れるべき相続関係書類や権限確認方法などが既に定められているため，支店および当該支店を担当する内部管理責任者やリテールコンプライアンス部門（部署名は各会社により異なるかと思いますが，一般的な名称を用いています）が概ねその内容に従って処理できると考えられますが，マニュアルに記載のないイレギュラーな場合や，紛争の可能性がありうる場合には，法務部が支店や他部署の担当者から対応についての相談を受けることがあります。

この場合，法務部としては，まず事実関係を正確に把握することが必要です。すべての法務相談についていえることではありますが，相続関連の相談は特に個別事情によって判断が異なることが多いため，もし支店や他部署の担当者に事実認識の齟齬があった場合，当該担当者の説明のみで回答してしまうと誤った対応になる可能性が生じます。支店や他部署の担当者は必ずしも法的な知識を有しているわけではなく思い込みや勘違いが存在していることもあるので，相談を受けるにあたっては，顧客からの受入書類や社内記録等の客観的な証跡となる書類を確認した上で，相続人同士またはその他の利害関係人との紛争に巻き込まれる可能性がないかを踏まえて回答するよう留意が必要です。

2．成年後見の場合

成年後見についても，多くの証券会社では，社内手続やマニュアル等において，顧客から受け入れるべき書類や権限確認方法などが既に定められていますので，概ねその内容に従って処理されることになると思われますが，法務部が相談を受けることがある可能性がある質問についていくつかご紹介します。なお，以下はあくまで一例であり，また個別事情ごとに判断が異なる点にご留意ください。

(1)　成年後見人候補者からの残高照会への対応

成年後見開始の申立てのため裁判所に本人の財産状況を報告する必要があることを理由に成年後見人候補者から本人の口座に係る残高照会があった場合に

これに応じてよいか，という相談がくることがあります。

成年後見人は成年被後見人の代理権を有していますが，候補者にすぎない段階では本人の財産に係る何らの権限も有しないため，残高照会に応じる義務はないと考えられます。裁判所としても，可能な範囲で本人の財産状況の説明を求めているにすぎず，これにより第三者である証券会社に回答義務が課されるものでもありません。ただし，審判前の保全処分が出されている場合（家事事件手続法105条・266条）には，当該保全処分に従って対応する必要があります。

⑵　成年後見人による証券取引

成年後見が開始された場合，成年後見人は成年被後見人の代理権を有することになりますので，成年被後見人である本人の証券取引についても成年後見人が代理人として行うことができると考えられます。しかしながら，成年後見制度は行為能力を喪失した本人の財産を保護するために設けられたものであり，本人の財産を減少させる可能性の高いハイリスクの証券取引を行う代理権まで有すると解されるのか，成年後見人の善管注意義務に反すると解される可能性のある取引に応じる義務があるのか等については，慎重に判断する必要があります。このため，成年後見人に対する積極的な勧誘は控え，成年被後見人の生活費等のため保有する有価証券を換価すべく売却したいなどの理由がある場合は格別，証券取引の発注があった場合には成年後見人にリスクを十分説明し，高リスク商品の購入等については翻意を促す等の対応をとるほうが穏当でしょう。

Q32 リテール法人顧客に関する法律問題（倒産等）

リテール法人顧客が破産等の倒産手続を開始した場合，その後当該顧客の資産についてどのように取り扱うことになるのでしょうか。また，その際，法務部としてはどのような点に留意すればよいですか。

A

顧客の倒産手続の内容によって財産の管理処分権を有する者が異なるため，裁判所の決定書その他の書類の受入れにより事実関係を確認した上で権限を有する者から売却や移管の指示を受ける必要があります。破産の場合には，管財人が破産財団の管理処分権限を有していますが，事案によっては自由財産が拡張され破産者に管理処分権が残る場合もあります。民事再生の場合は，保全管理人や管財人が選任されていればこれらの者が管理処分権を有しますが，それ以外の場合は従来の代表者が権限を有することになります。ただし，監督委員の同意が必要な場合があることに留意が必要です。

1．倒産手続ごとの顧客財産の管理処分権

倒産とは，一般的に，法人または個人が経済的に破綻し，弁済期にある債務を一般的継続的に弁済できない状態に陥ることをいいます。

この倒産に関する各種の処理を行う手続のことを「倒産手続」といい，代表的な倒産手続としては，破産法に基づく破産手続，会社法に基づく特別清算手続，民事再生法に基づく民事再生手続，会社更生法に基づく会社更生手続，裁判外での私的整理手続が挙げられます。

法人顧客が倒産した場合，いずれの倒産手続であるか，および当該手続において裁判所が決定した内容によって，当該法人顧客の財産の管理処分権が誰に帰属するかが異なりますので，まずは裁判所の決定書その他の書類を受け入れた上で事実関係を確認し，管理処分権を有する者から発注等を受けることが必要です。

(1) 破産手続の場合

破産手続が開始した場合，裁判所から選任された破産管財人に破産財団の管

理処分権が専属することになります（破産法78条１項）。ただし，裁判所は，破産手続開始の決定があった時から当該決定が確定した日以後１カ月を経過する日までの間，破産者の申立てによりまたは職権で，決定で，破産者の生活の状況，破産手続開始の時において破産者が有していた自由財産の種類および額，破産者が収入を得る見込みその他の事情を考慮して，破産財団に属しない財産の範囲を拡張することができるとされており（同法34条４項），この自由財産拡張の範囲に有価証券も含まれる場合にはその範囲で破産者が管理処分権を有することとなります。なお，自由財産の拡張の取扱いは裁判所によっても異なっており，自由財産の拡張の内容について決定書等の書面は出されないことが一般であるため，有価証券が自由財産に含まれているのか否かが必ずしも明確ではないことも多くあります。裁判所が選任した破産管財人に確認できれば事実上紛争が生じる可能性が高いと判断することも合理的と考えますが，預り金額や他に争う可能性のある利害関係人がいないか等の個別具体的な事情に応じて慎重に判断する必要があるでしょう。

(2)　民事再生手続の場合

民事再生手続の場合は，原則として民事再生手続開始後も再生債務者が財産の管理処分権を有しています（民事再生法38条１項）。もっとも，管理命令が出されたときは管財人が（同法64条１項），保全管理命令が出されたときは保全管理人が（同法79条１項），それぞれ管理処分権を有することになるので，これらの命令が出ていないかを念のため確認する必要があります。また，預り資産の売却について監督委員の同意や裁判所の許可が必要な場合にはこれらの手続を経ていることを確認する必要があるでしょう。

(3)　通常清算手続・特別清算手続の場合

株式会社が解散した場合には清算を行わなければならず（会社法475条），清算中の会社は清算の目的の範囲内において，清算が結了するまではなお存続するものとみなされます（同法476条）。なお，清算会社が債務超過等の場合には申立てにより特別清算が開始されます（同法510条）。いずれの場合も，清算会社の代表権を有するのは清算人，または代表清算人が選定されていれば代表清算人ですので，証券会社としては登記事項証明書等で代表権を有する清算人が誰かを確認し，その方から売却や移管等の指示を受ける必要があります。

2．実務上の主な留意点

(1)　清算中のオーナー企業からオーナー個人への移管指示があった場合

オーナー企業の場合はオーナーが清算人になり残存する法人口座の預りを清算人の個人口座に移管するよう指示されることがよくあります。もっとも，会社口座からオーナーの個人口座への移管は会社と清算人との間の利益相反取引に該当するため（会社法482条４項・356条），清算人会が設置されていれば清算人会，非設置であれば株主総会の承認が必要です。このため，他の利害関係人から当該移管につき無効を主張されるリスクを回避するためには，清算人の権限確認のほか，清算人会議事録または株主総会議事録などを受け入れて承認を得ていることを確認するなどの対応を要することに留意が必要です。

(2)　清算結了後に元清算人から預り財産の移管指示があった場合

本来は，清算手続において有価証券を含むすべての財産が清算されるはずであるところ，当該財産を失念されていた等の事情により清算手続未了のままでも清算結了登記がなされる場合があり，この場合において清算結了登記完了後に有価証券の存在が判明し移管や売却を求められることもあります。この点，登記上は会社が消滅していますが，判例では「株式会社ノ清算結了シタル旨ノ登記存スル場合ト雖モ実際清算結了シタルニ非サルトキハ其登記ハ実体上効力ヲ生スルコトナシ」として，登記がされていたとしても，その登記は実態上の効力を生じることはなく，清算は結了していないものとしてその発見された財産の分配が終わるまで会社は存続すると解されています（大判大５・３・17民録22輯364頁）。とはいえ，清算手続によって処分していない財産がある場合は，その会社の清算手続は終わっていないことになりますので，清算結了登記は誤りとなり抹消する必要があります。

また，社債，株式等の振替に関する法律（以下「振替法」といいます）の対象となる有価証券の場合，振替申請は振替法132条２項に基づき振替法上減額される加入者が行う必要があり，登記上既に消滅している加入者からの申請は受け入れられないため，移管に応じるためには清算結了登記を抹消した上で改めて清算手続を行うよう求める必要があるでしょう。

Q33　株式会社と役員との間の利益相反取引

株式会社Aの代表取締役Bから「A社口座にある有価証券を買い受けたので，当該有価証券をBの個人口座に移し替えて欲しい」旨の依頼がありました。証券会社は，どのような点に留意する必要があるでしょうか。

A会社の取締役会（取締役会が設置されていない場合は株主総会）の議事録の提示を受けて，当該売買について取締役会の承認があったことを確認した上で，A会社の届出印のある書面に基づいて口座移管処理を行います。

また，紛争予防の観点から，提示を受けた議事録はコピーを取らせてもらった上で，当該コピーを保存するべきです。

なお，株式会社以外の法人（学校法人や一般社団法人など）とその役員との間の取引に関しては，当該法人を規制する法律の規定を確認した上で対応する必要があります。

1．法律上の整理

(1)　株式会社の取締役が当該会社と取引する場合，取締役会の承認が必要

株式会社の取締役（指名委員会等設置会社の場合は執行役。以下同様）が当該会社と取引したり，取締役が第三者（たとえば，自己の親族や自己が経営する他の会社など）のために，会社を相手方として取引する場合，通常は自己（または第三者）の利益と会社の利益が衝突します。この場合を「利益相反取引」といいます。

株式会社の取締役が利益相反取引を行う場合は，取締役会（取締役会がない場合は株主総会。以下同様）の承認が必要です（会社法356条１項・365条１項）。これは，取締役が自己または第三者の利益を図り，会社に損害を与えることを防ぐためです。取締役が会社に無償の贈与を行う場合のように，会社に損害を与える余地のない取引については，利益相反取引には該当せず，取締役会の承認は不要です（大判昭13・９・28民集17巻1895頁）。

本設問の場合，A会社と取締役の売買でA会社に損害が生じる（取締役が会

社の資産を安く譲り受ける）おそれがあるので，A会社の取締役会の承認が必要となります。なお，BがA会社の株式を全部所有し，A会社が実質上Bの個人経営にすぎない場合には，実質的に利益相反関係がないため，取締役会の承認は不要です（最判昭45・8・20民集24巻9号1305頁）。

(2)　取締役会の承認がない利益相反取引の効力

取締役と会社の利益が相反する取引について，取締役会の承認がなかった場合，会社は当該取締役に取引の無効を主張できます。さらに，会社は第三者に対しても無効を主張することができますが，この場合，会社側が第三者の悪意を立証することとされています（最判昭43・12・25民集22巻13号3511頁）。ここでいう悪意とは，第三者が，当該取締役の行為について取締役会の承認を要すること，および取締役会の承認がないことを知っていた，ということです。

本設問の場合，証券会社は第三者ということになりますが，A会社とBとの間の売買の場合，明らかに利益が相反するので，取締役会の承認を要することは当然にわかります。そのため，取締役会の承認を確認しておかないと，承認がなかった場合，A会社（またはその債権者など）が証券会社に対し，A会社口座の資産の復元を求めてくることも考えられます。

よって，証券会社としては，取締役会が当該取引を承認していることを取締役会議事録で確認する必要があります。

2．実務上の留意点

(1)　議事録の確認

取締役会の議事については，議事録の作成が義務付けられており，出席した取締役および監査役が署名することになっています（会社法369条3項）。取締役会は，定款に特別の定めがない限り，取締役の過半数が出席し，出席取締役の過半数による多数決で決議を行いますが（同条1項），利益相反取引の承認決議の場合，承認を得ようとする取締役（本設問のB）は「特別の利害関係を有する取締役」として決議に参加できません（同条2項）。

そのため，証券会社は取締役会議事録の提示を受け，当該利益相反取引について，Bが参加せずに承認決議が行われていることを確認する必要があります。なお，「特別の利害関係を有する取締役」が決議に参加した場合の取締役会決議の効力についてはさまざまな見解があり，当該決議が有効とされる可能性もありますが，当該決議が会社法に違反していることに変わりはなく，決議が無効とされるリスクがある以上，証券会社としては，適法な承認手続が行われた場合に限って口座移管依頼に応じるべきです。

また，株主総会の議事についても，議事録の作成が義務付けられています（同法318条1項）。株主総会は，定款に特別の定めがない限り，議決権の過半数を有する株主が出席し，出席した株主の議決権の過半数による多数決で決議を行います（同法309条1項）。なお，承認を得ようとする取締役Bが株主であっても，Bは株主総会決議に参加することができます（同法831条1項3号参照）。

⑵　届出印のある口座移管依頼書と議事録のコピーを保存する

仮に，顧客から資産の移管依頼を受けた際に取締役会議事録を確認したとしても，後に会社と取締役との間の紛争に証券会社が巻き込まれる可能性は残ります。

そのため，証券会社としては，後の紛争対策等として，口座移管依頼を受けた際に，単に議事録の提示を受けるだけではなく，当該議事録のコピーを取らせてもらった上で，届出印のある口座移管依頼書に基づいて口座移管処理を行うべきです。そして，移管処理後は当該依頼書と議事録のコピーを一緒に保存しましょう。

⑶　株式会社以外の法人とその役員との間の利益相反取引

株式会社以外の法人とその役員との間の利益相反取引については，各種の法律の規制を確認する必要があります。

たとえば，一般社団法人や一般財団法人とその理事との間の利益相反取引の場合は，社員総会や理事会の承認が必要になります（一般社団法人及び一般財団法人に関する法律84条1項・197条）。また，学校法人とその理事との間の利益相反取引については，「理事は代理権を有しない」ため，特別代理人の選任が必要になります（私立学校法40条の5）。

このように，株式会社以外の法人については，各種の法律により，それぞれ異なる規制がかけられているため，顧客から当該法人の役員の個人口座への移管依頼を受けた場合等は，当該法人を規制する法律の規定を確認した上で対応する必要があります。

COLUMN 3

証券・資産運用業界の外資系企業における英語業務

証券・資産運用業界には日系企業だけでなく多くの外資系企業が存在し，外資系企業でも多くの企業内弁護士や法務担当者が活躍しています。時折，外資系証券会社・アセットマネジメント会社における英語業務について質問を受けることがあるため，外資系企業内で求められる英語力について考えてみたいと思います。

Q55で触れているようなケースを含め，外資系企業グループにおいては海外のビジネス部門担当者または法務担当者とコミュニケーションを取ることは一般的に想定され，その場合当然英語でのコミュニケーションとなります。企業によっては日本法人のマネジメントも外国人であることもあり，日本法人内の業務も英語で行われることも少なくありません。法務担当者としては，英語が話せることが重要なのではなく，各企業において取り扱っている証券・資産運用業務にかかる法的リスクを分析・検討し，法的見地からクライアント（日本法人ビジネス部門等）に対して，英語でアドバイスすることができる能力のほうが重要と思われます。特に外資系企業の法務担当者としては，そのような能力を身に付け維持するため，日々研鑽していくことが求められているといえるでしょう。

具体的な英語での業務については，監督官庁との関係においても英文の届出書面で受付してくれるものもありますし，金融庁，証券取引等監視委員会，管轄財務局の英文ウェブサイトに掲載される英文の説明，英文の書式・書類や金商法の英語訳（金商法含めさまざまな法令の英語訳が日本法令外国語訳データベースシステム（http://www.japaneselawtranslation.go.jp/?re=01）において提供されています）など，既に英語化されている資料を最大限活用するのがよいと思います。といっても，たとえば単純に第二項有価証券をParagraph(2) Securitiesと英訳すればいいというわけではなく，当該用語がどのような概念を指すのか実質的に説明しなければ金商法を知らない者には意味がないことに留意が必要です。

3　新たな規制への対応

Q34　新たな法規制への対応

金商法は毎年のように改正されますし，証券会社のビジネスに関連する法規制は国内外とも非常に多いようです。このような新たな法規制に関して，フロント部門に対してどのように法令改正情報を伝えるなどの対応をしていけばよいのでしょうか。

規制当局，法律事務所等のサービスや雑誌，セミナーを通じた情報収集が基本となります。海外の法令改正動向については，現地拠点の法務部門を通じた情報収集が効率的でしょう。収集した情報は，定期研修，個別の会議，社内セミナー，社内ニュースレター等を通じて他部署と共有していくことを考えます。

1．証券会社が対応を求められる法令改正

金商法は，その政府令を含めて，平成19年の制定以来現在に至るまで，ほぼ毎年法改正がなされてきました。また，犯収法のように，証券会社を含めた金融事業者全般に適用のある法規制の制定・改訂も行われています。加えて，規制業種である証券会社としては，監督指針も遵守しなければなりませんが，監督指針の改正も頻繁に行われるほか，近年では顧客本位の業務運営に関する原則（いわゆるフィデューシャリー・デューティー）のようなプリンシプルベースの規制も登場してきています。

海外の法規制に目を転じても，近年では，たとえば米国のボルカールールや域外適用の問題のあるU.S. Commodity Futures Trading Commission（CFTC）規則，EUのMarket Abuse Regulation（MAR），MiFID Ⅱなどクロスボーダー取引に影響を与える金融規制の制定・改訂が行われました。また，店頭デリバティブ取引に対する規制のように，金融危機後の国際合意に基づき国内外において同時進行で整備される規制もあります。

金融・証券の世界は，平成20（2008）年の金融危機の経験から国際合意に基づく新たな法規制が導入されてきたことに加え，変化が非常に速くなっていることから，法規制の制定・改訂が行われるスピードも速くなっています。証券会社の法務部では，これらの新しい法規制に対応していかなければなりません。また，証券会社も私法人である以上，民法，会社法，労働法をはじめとした私法人一般に適用のある法令，個人情報保護法，EUのGeneral Data Protection Regulation（一般データ保護規則）のような法規制も視野に入れる必要があります。

2．法令改正情報の収集と他部門への展開

金融・証券分野にせよ，それ以外の分野にせよ，自社のビジネス，経営環境に影響を与える法令改正に関しては，会社として適切に対応することができるように法務部門として情報収集を行うとともに，コンプライアンス部署やその他の関連する部署との情報共有を行っていく必要があります。

⑴　情報収集の方法

法令改正情報の収集については，既に各社の法務部門にて対応されていると思いますが，まずは規制当局のメールサービス，法律事務所等のニュースレター，法律雑誌等を活用することになります。テーマによっては，加入団体，各セミナー会社や経営法友会等から有料・無料のセミナーが提供されることもありますので，自社への影響が見込まれるテーマを扱うものがあれば出席するとよいでしょう。また，日証協のワーキンググループやISDAなどの業界団体の会合からも有益な情報が得られることが見込まれます。これらについては，必ずしも法務部門から参加するわけではなく，経営企画部門，コンプライアンス部門等の他の第２線部署や第１線部署の担当者が出席することのほうが多いと思われます。法務部門が自ら参加しない会合での議論等についても，社内に法規制対応の会議体などがあれば積極的に参加することにより，あるいは他部門との情報交換を日頃から行うことによって，情報収集が可能となるようにしておきましょう。

また，特にグローバル展開を行っている証券会社においては，海外の法令改正情報を収集する方法を確保することも非常に重要です。法令改正が行われる

国・地域における現地拠点の事業に大きな影響がありうるほか，クロスボーダー取引において本社の事業にも影響が生じることが見込まれるためです。海外の法令改正情報についても，英米系をはじめとした各国にオフィスを有している法律事務所のニュースレターなどの活用も有益です。また，一定の分野に限られますが，各国の法規制，法令改正の情報を有料で提供しているサービスもあります。加えて，特に海外拠点が存在する国・地域の情報については，現地の法務担当者が本社にレポートを行う態勢を構築しておくことが重要です。インターネットにより海外の情報が容易に把握できるとはいえ，現地法のバックグラウンドを有し，現地に常駐している現地担当者のほうが情報へのアクセス，言語の問題，当該法令改正が事業に与える影響の理解などの点において優れているのが通常です。また，法務部門の担当者同士，日頃から法令改正動向の情報交換を行うことによって，実際に法令改正対応を行う際にスムーズに対応することが可能となることも期待できます。

⑵　情報共有の方法

それでは，収集した情報をどのように他部署と共有すればよいのでしょうか。法令改正情報を共有する会議体などが社内で常設されていれば，会議体を通じた情報共有を図ることが考えられます。もっとも，そのような仕組みが社内に存在する場合も，必ずしもすべての分野を対象としているわけではないでしょうから，他の手段での情報共有も考慮する必要があります。自社の特定の事業に影響が限定されるか，全社的な影響が見込まれるものかとの判断や，情報共有すべき対象者等に応じて，社内ニュースレターの作成・配布，社内セミナーの開催，他部署の担当者との個別の会議などを通じて情報共有を図っていくことになります。ニュースレターや社内セミナーについては，自部署のリソースに応じて，法務部員が担当するか，外部の弁護士に依頼するか，いずれの方法も考えられるところです。

⑶　留 意 点

個々の企業の態勢にもよりますが，規制業種である証券会社においては，フロント部署の事業に影響の大きい法令改正動向については，フロント部署も日頃から積極的に情報収集を行っていることが多いと思われます。このため，特に国内の金融・証券規制については，法務部門が情報展開を行わなくとも一定の情報を有していることも想定されますが，法的に正確な情報を社内で共有する観点からも，また法務相談を受けた場合に適切に対応する観点からも，法務部門の情報収集・共有が重要です。一方，海外の法規制や，金融・証券分野以外の法規制については，たとえ自社の事業に大きな影響が生じうるものであっても，フロント部署の意識が向いていない場合も多いと思われます。第２線部署である法務部門としては，フロント部署による情報収集の漏れを防ぐ観点からも，これらの分野の法規制についても意識的に情報収集と社内共有を行うとよいでしょう。

4 他国のチームとの対応

Q35 海外の法務部門との関係

当社には海外の現地法人があり法務部門も置かれています。海外の法務部門とはどのような業務をともに行う機会があるのでしょうか。また，業務を協働するにあたっての留意点などはありますか。

A

海外の現地法人の法務部門とは，クロスボーダー取引を扱う際に協働する機会があるほか，本社の法務部門としてレポーティングを求めることもあります。また，金融規制をはじめ，新規の法規制への対応をともに行うことが考えられます。レポーティング等においては，英米を中心とした弁護士秘匿特権をはじめ現地の実務，法規制も意識した対応を行うことに留意しましょう。

1．海外の法務部門

現在では企業の経済活動は国境を超えるクロスボーダーのものが非常に多くなっていますが，もちろん金融，証券の世界でも同様です。証券会社の場合，伝統的に英米ではロンドン，ニューヨーク，アジアでは香港という，それぞれの地域を代表する金融センターに現地法人を設置することが多く，現在ではシンガポールなどにも現地法人を置いている会社が多いものと思われます。また，目下のところ，英国のEU離脱問題の影響もあり，大陸欧州内に欧州拠点を設立したり，強化したりする動きも続いています。

各社ごとの歴史的背景や各拠点の規模，性質等にもよりますが，証券会社においては，海外現地法人にも法務部門が置かれていることが一般的と思われ，各種の業務で協働する機会が日常的に発生します。具体的にどのような業務をともに行うかは，各社により異なるところもありますが，ここではクロスボーダー取引に関連した業務と親会社としての業務との観点から見ていくことにします。

2．クロスボーダー取引に関連した業務

証券会社が扱う取引のうち，リテール顧客向けのものは基本的に国内で完結するものが大半と思われますが，ホールセールの取引についてはクロスボーダー取引となることは珍しくありません。その場合，日本の本社と海外の顧客との二者間で完結することもありますが，海外現地法人が関与する形態となることもあります。たとえば，エクイティ，フィクストインカムのいずれにおいても，時差の関係から顧客の所在地と近い海外現地法人が取引の受注を行うものの，ブッキングは日本本社が行い，顧客と本社との間で取引が成立する形態があります（逆の形態もあります）。また，外債の販売においても，日本国外で発行された債券を英米の現地法人がunderwriteし，その債券をセカンダリー取引として日本本社が取得し，国内の投資家に販売するという実務が長く続いています。このような複数拠点が関与するクロスボーダー取引においては，外国法と日本法の双方を考慮する必要もあり，現地法人の法務部門と協働して対応することが必要となります。

3．親会社の法務部門としての業務

日系証券会社の本社の業務として，国内外の子会社管理が含まれます。法務部門の場合，国内外の子会社法務部門の組織としての管理や子会社における法的リスクの管理などが課題となります。これは証券会社に限らず，グローバル展開している企業であれば共通したものといえます。さまざまな課題がありますが，いくつか代表的なものを見てみましょう。

(1)　レポーティング

新設の現地法人で法務部門のスタッフが限られているような場合や重大な紛争・当局対応事案などの場合には，本社法務部門から現地法人に直接出向いて対応することや常に本社から指示を行うことも考えられますが，日常的な案件対応については現地の法務部門に扱わせることになります。その上で，本社法務部門としては現地法務部門から報告を受け，内容によっては指示を行います。

どのような事象について，どの程度の頻度，態様で報告を行わせるか自体がレポーティング体制の有効性，効率性などに影響しますので，検討と見直しを

継続的に行う必要があります。たとえば，対象となる事象・情報としては，①訴額が一定金額以上の顧客との訴訟の発生・終結，②現地法人への影響が大きく対応が必要となる法規制の立法動向，③現地法務部門の取扱い案件の動向，④外部法律事務所の起用実績などが基本的なものとして考えられます。メール・電話の他，定例での電話・ビデオ会議を行うことも考えられるでしょう。

なお，訴訟や当局対応に関連する報告・指示や打合せについては，現地法人・本社双方が享受しうる秘匿特権に留意することが重要になります。米国裁判所の証拠開示手続（ディスカバリー）や英米を中心とした各国当局からの証拠提出命令に対して，秘匿特権の対象となる情報については，訴訟の相手方や当局に対して開示しないことが許されますが，ひとたび秘匿特権が失われると開示に応じなければなりません。秘匿特権は，主に英米法の国において認められるものですが，その要件などに複雑な点があり，英米法の弁護士への確認が重要です。秘匿特権を維持する観点からは，情報のやりとりは少ないほうがよいと思われます（法務部門内でも一定の限られた者のみの間でのやりとりに限ることも考えられます）。とはいえ，本社法務部門としては，何らレポーティングを受けないということはできませんので，レポーティングの方法，やり取りする情報の範囲，双方の担当者その他の観点から，どのようにレポーティングを行うべきか現地法人とも日頃から調整しておくことが重要です。とりわけ米国でのクラスアクションの潜在的可能性がある案件や重要な訴訟・当局対応を扱う際には，留意すべきでしょう。

以上では，日系証券会社の本社の視点から説明しましたが，外資系証券会社の日本現地法人の場合は，逆に本国あるいはアジア地域の法務部門トップからの指示に対して報告を行うことが日常的な業務として生じることになります。秘匿特権への留意などは同様です。

⑵ 新規の法規制対応

日常的なレポーティングの結果，現地法人のビジネスやグループ全体に重大な影響が生じる新たな法規制の立法動向などの情報を得た場合，現地法人の法務部門とともに対応を講じていく必要があります。日本本社においても他のリスク管理担当部署や経営企画部門，フロントの企画部門などの関係部署との協働が必要です。

たとえば，近年では，金融規制では米国のボルカールールやEUのMiFIDⅡ，OTCデリバティブ規制などは，域外への事実上の影響への対応も含めて，各国拠点で連携しつつ対応する必要性が高い規制でした。また，金融規制以外でもEUのGDPR対応は複数拠点で連携した対応が必要ですし，英国の現代奴隷法などのように英国での事業に関連して日本本社での開示が要求される法規制もあります。

海外での新たな法規制の動向については，法律事務所などからの情報収集も有効ですが，現地法人の法務部門の陣容がある程度整っている場合には，現地法人から現地でなければ得られない貴重な情報，実務への具体的な影響等の情報等を収集できる可能性が高まりますので，日頃からレポーティング等の機会を通じて情報収集・交換を行うことが重要です。

5　これからの対応

1．AI，RegTechの進展

Q36　AI，RegTech

当社のフロント部署からロボアドバイザーのサービスを開始したいとの相談を受けました。AIやRegTechが証券会社の法務に与える影響にはどのようなものがあるのでしょうか。

A

証券業務においてもAIやRegTechの活用は徐々に進んでおり，新たな法規制も生まれています。そのような規制への対応のほか，法務の業務へのAIの利用やRegTechを通じた新規制対応の効率化，といった影響もありうると思われます。

1．証券分野での AI の活用

現在，Artificial Intelligence（AI）の発達，産業での利用が広く話題になっていますが，証券分野でのAIの利用として，現在，アルゴリズム取引やロボアドバイザーなどが考えられます。アルゴリズム取引とは，「コンピューターが自動的に，売買銘柄，売買数量，売買タイミング，売買市場等を決定し，金融商品の注文を行う取引」を指し，マーケット・メイキングなど収益機会を狙うものとVWAPなどの取引コストを削減するものの双方が含まれるとされます（NTTデータ・フィナンシャル・ソリューションズ先端金融工学センター編著『アルゴリズム取引の正体』（金融財政事情研究会，2018）3頁）。アルゴリズム取引は，手続の自動化という点がポイントであり，必ずしも高度な技術が用いられるものに限られるわけではありません。同じく，必ずしもAIを使用して開発されるものでもないとされ，従来から一部ではあったものの，期待するような結果が得られなかったことから，必ずしも主流の方法ではなかったと評されています。一方で，AI，ディープ・ラーニングの技術進歩から，近年ではア

ルゴリズム取引においても，ディープ・ラーニングの活用が積極的に試みられているようです（前掲・NTTデータ・フィナンシャル・ソリューションズ先端金融工学センター224頁・267頁）。また，資産運用・形成に関連したサービスとして，ロボアドバイザーが登場し，既に各証券会社，投資助言業者などで実用化されていることは前述しました（Q26参照）。

2．RegTechの活用

RegTechも，FinTechと同じように，RegulationとTechnologyの造語であり，法規制遵守のためにテクノロジーを活用することを指します。特に，金融危機後，大幅に規制が強化された金融機関においては法令遵守のコストが増加しており，RegTechによりその負担を軽減することが期待されます。また，RegTechは，FinTechを支える技術として登場してきた経緯があり，実際上対応しなければならない規制も多いことから，金融規制に関連するものが中心的ではありますが，裁判のIT化やGDPRのような個人情報保護法制への対応といった分野でもその活用が検討され，実際に利用されているものもあります。

金融分野で具体的に活用が進んでいる，あるいは検討されているものとしては，たとえば，本人確認，マネーロンダリング防止・テロ資金供与対策，規制当局への報告業務，モニタリング，金融市場取引におけるコンプライアンス，新規制の把握と影響の分析などが挙げられます（佐々木隆仁『レグテック』（日経BP社，2018）78頁以下）。

3．AI，RegTechの証券会社における法務への影響

それでは，AIやRegTechは，証券会社の法務にはどのような影響を生じさせることが考えられるのでしょうか。

(1) AI

前述のアルゴリズム取引やロボアドバイザーなどにおいてAI，ディープ・ラーニングの活用が積極的に進みつつあるなか，新たな法的問題も生じてきています。アルゴリズム取引の中には，「自己に有利な状況をつくるために，他の取引参加者に市場の状況についてなんらかの誤認を与えるなど，市場操作をはじめとした不正な要素を含むもの」（前掲・NTTデータ・フィナンシャル・ソ

リューションズ先端金融工学センター編著207頁）も存在することが指摘されています。たとえば，金融商品取引法で禁止されているフロントランニング（ブローカーが顧客からの委託注文情報等を利用して，委託執行する前に，自己に有利な自己売買を行うこと）を行うアルゴリズムなどです。また，アルゴリズム取引，とりわけ高速アルゴリズム取引については，高速・高頻度での発注，取消しなどの点から，相場操縦が行われているのではないかとの議論があり，これらの取引に規制が設けられるようになっています。EUのMiFIDⅡでは，アルゴリズム取引全般に規制が及ぼされていますし，日本においても平成29年改正金商法（平成30年４月１日施行）において高速取引行為に対する規制が導入されました（Q25参照）。現段階では，各国当局は，アルゴリズム取引や高速取引に関する情報収集と実態把握を行っていますが，その実態次第では，今後規制が強化されることもありえます。また，ロボアドバイザーについても，AIを活用することから，伝統的な投資助言業務と異なる情報開示を顧客に対して行う必要があるのではないかといった議論があり，実際に米国証券取引委員会がガイダンスを公表しています。法務部門としては，これらの新たな規制に対応することが求められます。

さて，AIの活用が進みつつある証券業務に関しては，以上のような法務への影響があると思われますが，もちろんAI自体が法務の業務に影響を与えていくことも考えられます。たとえば，新たな規制への対応の一環として，大量の締結済み契約書の精査が必要となった場合，従来は人海戦術での対応となる可能性が高かったと思われますが，AIにより契約書の電子データを分析して，問題のある条項の有無を自動的に，かつ短時間で検証する，といったことも可能となってきています。

⑵　RegTech

RegTechについては，既に見たとおり金融規制を中心に法令遵守の問題と密接な関係があります。もっともRegTechの活用が実際に行われているものや，現在検討がなされているものは，金融機関の社内における法規制遵守のためのモニタリングや，日常的に反復して行われる本人確認等の事務に関連するものが中心と思われます。金融機関における法務とコンプライアンスの業務分担に関する一般的な理解（Q3参照）を前提とすると，たとえば取引のモニタリングや当局への報告業務の自動化・省力化などの点で，コンプライアンス担当部署の業務に与える影響は大きいことが容易に予想されます。一方で，RegTechの法務担当部署への影響としては，新規制の把握と影響分析のためのツールが活用されるようになれば，新たな規制，特に外国の法規制の調査に関連した業務が飛躍的に効率化することも想定されますが，現時点でのRegTechの活用として考えられているものは，比較的法務部門の業務への影響は小さい可能性もあります。

4．まとめ

以上のようにAIは証券業務においても活用が進みつつあり，新たな法規制の問題も生じています。同時に，RegTechによる法令遵守の高度化や反復的な事務，モニタリングなどの効率化も進んでいくことが想定されます。コンプライアンス業務への影響は非常に大きいと思われますが，現時点では比較的影響が明確ではない法務の業務についても，業務効率化などの形で今後影響が生じていくことが考えられます。

2．新商品の理解（FinTech, HFT/アルゴリズム/ダークプール）

Q37　新商品の検証プロセス一般

新商品の検討を担当することになりました。証券会社での新商品の検討はどのように行えばよいのでしょうか。

証券会社での新商品・新規業務の検討には，法務担当部署を含めたリスク管理部門が関与することが求められています。法務担当部署が管理する法的リスクの範囲に応じて，契約法的な問題や業法的な問題を検討していくこととなります。また，クロスボーダー取引の場合など外国の法規制にも注意が必要です。

1．証券会社における新商品・新規業務検討

証券会社は，さまざまな新商品・新規業務の提供を常に検討しています。外国の発行体が発行する有価証券の日本の顧客への販売の検討やインサイダー取引規制に対応した株式売買手法の開発もあれば，新たなアルゴリズムに基づくアルゴリズム取引手法の機関投資家への提供あるいは新規の要素を含むストラクチャードファイナンス案件の検討といったこともありえます。そして，証券会社における新商品・新規業務の導入に際しては，各種のリスクについて社内での検証を行うことが監督指針や金融商品取引業者等検査マニュアル（以下「検査マニュアル」といいます）により求められています。すなわち，直接には信用リスク（取引の相手方の契約不履行その他の理由により損失が発生するリスク）に関する記載ですが，「新商品又は新規業務の導入に当たっては，あらかじめリスク管理部門により検証・評価を行うとともに，必要に応じて法務担当部門等の意見を聴取する仕組みが構築されているか。また，取締役会等は，これらの評価及び意見等を十分斟酌した上で，新商品又は新規業務の導入を承認する体制としているか」（検査マニュアルⅡ－１－２　３.⑻②参照）とされています。当局の監督・検査との関係において，証券会社が新商品・新規業務を導入する際には，第２線であるリスク管理部門による検証を行い，その意見等を踏

まえた上で取締役会等の会議体において承認しなければならず，第１線であるフロント部署の判断のみで自由に新商品・新規業務を開始することは想定されていません。検証の対象となるリスクは種々のものがありますが，たとえば，新商品・新規業務導入時には，取引先リスク（取引先に対する債権の保有に伴うリスクをいい，取引先が義務を履行しないことなどにより金商業者が損失を被るリスク）（監督指針Ⅳ－２－４⑴，検査マニュアルⅠ－２⑷参照）や，自己資本規制比率の管理と関連して市場リスク（有価証券等の価格，金利，為替等のさまざまな市場のリスク・ファクターの変動により，保有する資産の価格が変動し損失を被るリスクおよびそれに付随する信用リスク等を合わせたもの）に関する検証も求められます（検査マニュアルⅡ－１－２　３.⑶②参照）。

２．新商品・新規業務の検討への法務部門の関与

１で見たように，証券会社における新商品・新規業務の検討にはリスク管理部門の関与が想定されており，「法務担当部門等の意見」が求められることも検査・監督上予定されています。具体的な新商品・新規業務検討のプロセスについては，各社により異なるところも多いと思われますが，法務部門としては，主に法的リスクの検討を行うことになります。もっとも，この法的リスクの対象範囲については，契約やそのドキュメンテーションから生じる問題に限定する整理がある一方で，契約法に限らず証券会社が遵守すべき金商法をはじめとした金融規制法，行政法規の遵守に関わる問題も広く含む整理もあると思われます。この点は，法務担当部署が管理対象とするリスクの範囲をいかに捉えるかということですので，特にコンプライアンス担当部署との業務分担の関係において，新商品・新規業務検証の場面に限らず，法務担当部署の担当業務そのものを規律する問題でもあります。各社により整理が異なりうる点ですので，法務担当者としては，自部署が管理対象とする法的リスクの範囲について把握することが重要です。それにより，新商品・新規業務の検証においても，契約法など私法的な論点の有無のみを検証することでよいのか，あるいはそれに加えて業法的な問題の有無の検討や，場合によっては訴訟・紛争リスクの観点からの検討も行う必要があるのか，といった点が明らかになることが期待できます。

3．具体的な検討内容・方法

新商品・新規業務の具体的な検討内容・方法は，個々の商品・業務やそれらの分野によっても異なってきます。また，法務担当者として蓄積してきた経験が問われる上，案件によっては他部署との折衝を行う必要も生じます。ここではいくつかのポイントを説明したいと思います。

⑴　契約など私法的な問題点

法務担当部署としては，新商品・新規業務において使用する契約ひな形の確認などを求められることがあります。案件への関与等によっては，ひな形作成の当初から法務担当部署で扱うこともあるかもしれません。この観点からの検討は，基本的には通常の契約法務や金融取引の契約やストラクチャーの検討と変わりません。なお，金融取引関連の契約としては，たとえば社債要項やローン契約，デリバティブの契約などを日頃から見ておくとよいでしょう。

⑵　金融商品取引法その他の業法，金融規制法上の問題点

業法・金融規制法の観点からの新商品・新規業務の検討としては，その業務を行うことが金商業者の業務範囲規制との関係で問題ないかという点から始めることもよくあります。また，銀行や銀行持株会社の傘下にある証券会社の場合，金商法だけではなく，銀行法の証券専門会社としての業務範囲規制にも注意しなければなりません。業務範囲規制のほか，検討対象となる新商品・新規業務が開示規制，行為規制や不公正取引規制をはじめとした金商法の規制の観点から，当該商品・業務の分野で問題となることが多い論点を中心に検証を行っていくことになります。その際には，金商法および業府令のみならず，監督指針や企業内容等開示ガイドラインその他の各種ガイドラインも含めて確認をしていくことになります。

金商法をはじめとした国内の法令に加えて，海外拠点が関与するものを含め，クロスボーダーの新商品・新規業務の場合などには，適宜，海外拠点の法務と協働するなどしながら，外国の法規制上問題がないかも検討する必要が生じえます。近年では，たとえば米国のいわゆるボルカールールやU.S. Commodity Futures Trading Commission（CFTC）の規則の域外適用の問題やEUのMiFIDⅡ対応などが問題となりました。プライマリー業務，セカンダリー業務

を問わず，ホールセールではクロスボーダー取引が珍しくありませんので，日頃から外国の法規制の動向にも留意することが重要です。

(3)　コンダクト・リスク，顧客本位の業務運営に関する原則等の問題点

近年，金融庁より，金融機関は，形式的に法令を遵守しているかを検証するだけでは足りず，法令として整備されていないものの，①社会規範に悖(もと)る行為，②商慣習や市場慣行に反する行為，③利用者の視点の欠如した行為等につながりうるリスク（コンダクト・リスク）の検証が重要であるといった考え方が紹介されています（コンプライアンス・リスク管理基本方針）。また，利用者保護との関係において，顧客本位の業務運営に関する原則（Q11参照）といった考え方も提示されており，当局のモニタリングの場面でも重視されています。これらの問題もビジネスのオーナーでありリスクの発生源である第1線部署がまずは主体的にリスクの特定を行っていくべきものですが，法務担当者が新商品・新規業務を検証する際も，単に法令上，監督指針上問題がないかという視点のみならず，コンダクト・リスクや顧客本位の業務運営に関する原則の観点からの検討を行うことも重要となります。これらの考え方が生まれてきた経緯として，形式的な法令遵守のチェックのみでは金融危機の発生を防止できなかったことへの反省があり，各国当局が重視しつつあります。第1線部署への牽制機能を担う法務部門としても，このような近年の動向を理解し，法令遵守の観点以外からも新商品等の検証を行うことが求められるものと思われます。

Q38 新商品の検証プロセス（ダークプール）

新商品として検証を担当することになったのですが，担当部署から，注文情報の匿名性を確保するため当社のシステムで投資家の売買注文を付け合わせる取引方法としてどのようなものがあるか質問を受けました。また，このような取引方法に関してはどのような法規制があるのでしょうか。

A

証券会社内において，複数の顧客からの注文を電子的に付け合せるダークプールと呼ばれる取引手法が用いられています。諸外国ではダークプールに関する法規制が存在しますが，わが国では，現時点では通常の有価証券の売買の取次と異なる特別な規制は課されていません。

1．ダークプール

証券会社内において，複数の顧客からの注文を電子的に付け合せる，取引前透明性のない（気配情報を開示しない）取引の場が現在利用されており，これをダークプールといいます。ダークプールは，「機関投資家が大口注文を匿名で執行したいというニーズや，アルゴリズム高速取引を行う投資家との注文対当を避けたいというニーズに応えるものとして，一定の役割を果たしている」（金融審議会「市場ワーキング・グループ報告」（平成28年12月22日）18頁）とされており，現在ではネット証券各社のサービス提供により，個人投資家も利用が可能となっています。欧米においては，投資家からの注文を付き合わせた（対当させた）上，約定も行う取引施設として，登録制となっていますが，わが国においては，付き合わせた注文を証券取引所の立会外市場に取り次いで約定させる形態がとられています。そのため，市場内立会外取引の一類型という整理となり，PTSとは異なり認可を取得せずとも通常の第一種金融商品取引業の範囲内で扱うことができます。

ダークプールは，証券取引の世界では既に広く利用されている取引類型ですが，少なくとも従来は機関投資家向けのサービスであり，特に証券取引に携わっているわけでもなければ馴染みのないものです。また，証券会社に対する業規制である金融商品取引法において正面から規定されていないことからも，初めて耳にしたときには，一体どのようなサービスかを理解することも難しいかもしれません。一方，このように実務では広く用いられていながらも，法令でも正面から規定されていない取引なども，金融・証券の世界では多く存在します（本稿では紙幅の関係から詳述しませんが，そのようなものの代表的なものとして，他にワンデーシーズニングの実務などがあります。Q24参照）。証券会社の法務担当者としては，法令の理解に加えて，取引実務の理解や過去から行われてきた議論について把握することも重要です。たとえば規制当局の審議会における議論，証券取引所や日本証券経済研究所が公表している研究資料などを参照することも有益です。実際に，ダークプールに関しても，海外における規制動向も含めて，これらの団体から多くの解説が出されています。

2．ダークプールに係る法規制

ダークプールについては，上記のとおり，欧米では登録制がとられており，「注文執行ルールの明確化，取引システムの堅牢性の確保等の観点から，一定の規制」が課されるとされています（前掲・金融審議会18頁）。これは，ダークプールには前述のようなメリットがある一方で，取引の執行方針等に関する情報が十分に提供されないおそれ，取引や取引情報へのアクセスについて取引参加者間の公平性が阻害されるおそれ，および取引シェアが高まった場合に，市場全体としての価格発見機能が低下するおそれや流動性が分散するおそれが指摘されている（IOSCO, Principles for Dark Liquidity: Final Report（2011年5月））ことが背景にあります。

これに対して，わが国においては，PTSと同様に認可制とするといった対応も考えられるもの，現時点では「当局が，引き続き，金融商品取引業者に対する規制を通じて実効的な監督に努めるとともに，将来的に新たな課題や環境変化が生じた場合には，必要に応じ，制度的な対応を検討する」とされるにとどまっています（金融審議会「市場ワーキング・グループ」（第19回）議事録，萱昌市場機能強化室長発言。https://www.fsa.go.jp/singi/singi_kinyu/market_wg/siryou/20190219/01/pdf）。すなわち，証券会社の内部で注文の対当と約定の双方を行うのであれば，いわゆるPTSとして認可が必要な業務となります（金商法30条

1項・2条8項10号)。一方で，証券会社の内部では対当のみ行うこととし，約定に関しては立会外取引として行うこととすれば，PTSとしての認可は要求されません。ダークプールがPTSとして認可制の対象とならないことについては，監督指針Ⅳ-4-2-1にて，証券会社の取引のマッチングがPTSに該当するか否かの観点から（いわば裏側から）詳細な要件が規定されています。

ダークプールについて，特別な規制は課されていないことを見てきましたが，金融商品取引法とその政府令だけではその規制の有無を確認することができません。規制業種である証券会社の業務に関する規制を確認するためには，金融商品取引法をはじめとした法令のみならず，監督指針をはじめとする当局の監督指針，事務ガイドラインや各種Q&Aなどを含めて確認を行うことが必要です。

【参考：監督指針Ⅳ-4-2-1①】

① 私設取引システムに該当するか否かを判断する際には，次の点に留意するものとする。

イ．取引所金融商品市場又は店頭売買有価証券市場における有価証券の売買の取次ぎを行い，又は他の単一の金融商品取引業者に有価証券の売買の取次ぎを行うシステムについては，私設取引システム及び取引所金融商品市場等に該当しないものとする。

（注） たとえば，2の顧客の同数量の売り注文及び買い注文を，売買立会によらない取引を行う取引所金融商品市場に同時に取り次ぐシステムは，基本的に，私設取引システム及び取引所金融商品市場等に該当しない。一方，顧客注文を売買立会によらない取引を行う取引所金融商品市場に取り次ぐシステムであっても，システム内で注文の集約または相殺等を行うような場合は，私設取引システム又は取引所金融商品市場等に該当する可能性がある。

ロ．顧客との間で有価証券の売買を行う自己対当売買のシステムであっても，多数の注文による有価証券の需給を集約した提示気配に基づき売買を成立させていくものについては，私設取引システム又は取引所金融商品市場等に該当する場合がある。

ハ．株価や金融情報を提供している金融商品取引業者や情報ベンダーについても，複数の金融商品取引業者等が提示している気配に一覧性があり（気配の競合），専用情報端末の配布や注文・交渉のためのリンク等の設定をはじめとする取引条件に係る合意手段が提供されている場合には，金融商品取引業（媒介）に該当し，かつPTS業務の認可を併せて要することに留意する。

第 3 章 ▶▶

バイサイド

1　投資運用業者・助言代理業者のビジネスモデル等

Q39　ビジネスの内容等

投資運用業者や投資助言業者とは，どのようなビジネスを行っている業者なのですか。その登録にはどのような要件が必要ですか。

投資運用業者は，投資一任契約に基づき，顧客である投資者から投資判断や投資に必要な権限を委任され，顧客のために投資を行います。投資助言業者は，投資顧問（助言）契約に基づいて，有価証券などの金融商品への投資判断について，顧客に対して助言を行います。投資助言業者のサービスに対する投資判断は顧客自身が行います。また，その登録には一定の登録拒否事由が存在することに留意が必要です。

1．法律上の整理

金商業のうち他人の財産を運用する行為は投資運用業と整理されます（金商法28条４項・２条８項14号・15号）。たとえば，投資用のファンドから投資一任を受けて当該ファンドの財産を有価証券等で運用したり，投資家から集めた資産を自ら有価証券等で運用したりするなどの業務が該当します。

これに対して，投資顧問契約を締結し，それに基づいて有価証券の価値等や金融商品の価値等の分析に基づく投資判断について助言を行う（同法２条８項11号）行為は投資助言業と整理されています。投資運用業と投資助言業の大きな違いは，実際の投資判断を顧客が行うか（投資助言業），金商業者が行うか（投資運用業）という点にあります。

2．実務上の留意点

(1)　登録要件

投資運用業や投資助言業の金商業の登録が認められるためには，一定の要件を満たし，登録拒否事由が存在しないことが必要となります。自社が新たに投資運用業や投資助言業の登録を行う際には，まず登録要件を満たすかどうか，登録拒否事由が存在しないか確認する必要があります。

登録拒否事由には，４つの金商業に共通するものとそれぞれの業に個別のものがあります。共通の登録拒否事由としては，金商法上，以下のものが規定されています（同法29条の４第１項１号）。

① 金商業の登録または許可を取り消され，その取消しの日から５年を経過しない者
② 金商法その他の法令の規定に違反して罰金刑を処せられ，その刑の執行を終わった日等から５年を経過しない者
③ 他に行う事業が公益に反すると認められる者
④ 金商業を適確に遂行するに足りる人的構成を有しない者
⑤ 金商業を適確に遂行するための必要な体制が整備されていると認められない者

法務担当者としては，自社が金商業の登録を行うことになった場合，上記の登録拒否事由のうち特に④や⑤について，自社の体制等に鑑み，検討を進めていくことになると思われます。

また，投資運用業の登録を行うにあたっては，投資助言業の登録よりも厳格な要件を満たす必要があります。たとえば，5,000万円以上の資本金規制（金商法29条の４第１項４号，同法施行令15条の７第１項３号），組織形態が株式会社に限定されていることなどがあります。したがって，外国会社の日本支店が投資運用業の登録を行おうとする場合，そもそも，組織再編行為が必要になることになります。

(2) 特殊な類型の登録要件業務の内容

投資運用業の中でも，投資対象による特殊な類型が定められており，たとえば，「不動産信託受益権」や「主として不動産信託受益権に投資する集団投資スキーム持分」を投資対象として運用を行う場合，「不動産関連特定投資運用業」として，別途登録要件等が追加されます。

具体的には，「不動産関連特定投資運用業」を行う場合，登録申請書の中に

当該業務を行う旨を明記する必要があるほか，人的構成として，「総合不動産投資顧問業者としての登録を受けている者であること，又はその人的構成に照らして，当該登録を受けている者と同程度に不動産関連特定投資運用業を公正かつ適確に遂行することができる知識及び経験を有し，かつ，十分な社会的信用を有する者であると認められること」（業府令13条５号，不動産関連特定投資運用業を行う場合の要件を定める件（平成19年金融庁告示第54号））という基準が設けられています。

したがって，投資運用業の登録をするのにあたって，まず国土交通省が定める不動産投資顧問業登録規程に基づく総合不動産投資顧問業の登録をするか，それと同等の体制を整備する必要があります。実務的には，不動産関連特定投資運用業を行う投資運用業者は，この総合不動産投資顧問業の登録をすることが一般的と思われます。もちろん，これと同程度の体制を有していれば，必ずしも同登録を行うことは不要ですが，不動産関連投資運用業の登録にあたって，総合不動産投資顧問業と同程度の体制を有していることの証明は簡単ではないため，同登録を行うことが多いものと思われます。

上記の登録要件については，あくまで一例ですが，法務担当者としては，投資運用業や投資助言業の登録要件だけでなく，関連する規制についても目を配っていく必要があります。

(3)　ビジネスの内容

投資運用業者や投資助言業者のサービスの内容としては，各業者によってまちまちですが，上記の定義のとおり，一般的にいえば顧客の資産を預かって運用することや顧客に対して金融商品への投資に関する助言を行うことがメインのビジネスとなります。

投資運用業者および投資助言業者は，株式や投資信託などの伝統的な有価証券（金商法２条１項各号）のほか，匿名組合出資持分や信託受益権などのみなし有価証券（同条２項各号）の金融商品について運用または助言の業務を提供します。また，これに付随する業務も顧客に提供することがあります。

なお，投資対象や顧客の属性によっては，投資運用業の登録を行わずに，適格機関投資家等特例業務（同法63条）の届出により対応する場合もありえます。原則としては，投資運用業の登録を要する場合でも，集団投資スキーム持分を有する適格機関投資家等から出資されまたは拠出された金銭の運用を行う行為等については，一定の場合を除き，届出のみで運用行為を行うことができるものとされています（同法63条１項２号）。ファンドの出資者のすべてが適格機関投資家である場合，または，出資者に１人以上の適格機関投資家と49人以下の投資判断能力を有すると見込まれる一定の者が含まれる場合には，当該運用者に対して，一定の監督は及ぼす必要はあるものの，投資者の自己責任に任せてよいと考えられているためです。

2 代表的な業務

1．投資信託に関する法務・コンプライアンス業務

Q40 投資信託の組成に関する業務

当社で新しく投資信託を組成することになりました。投資信託を組成する際に法務部はどのような作業を行いますか。

A

投資信託は，投資信託委託会社と信託銀行との間の投資信託契約により組成されます。運用を外部に委託する場合には，運用委託先との間で契約を締結する必要があります。また，付随する契約として，信託銀行との間の信託報酬の配分に関する契約，販売会社との間の販売契約等があります。

これらの契約のレビューが主たる業務ですが，レビューにあたっては，法令・協会規則を参照するほか，事前に商品設計に関して担当部署と協議する必要があります。また，会社によっては，目論見書や有価証券届出書等の法定書面の作成に法務部が関わる場合もあります。それぞれの場面において適用される規制がありますので，確認を怠らないことが重要ですし，それに加えて投資家本位の業務を常に念頭に置きながら日常の業務を行うことが重要になります。

1．法律上の整理

(1) 投資信託約款の作成

投信法は，投資信託契約にかかる投資信託約款の記載事項を定めています（4条2項等)。投資信託契約はこれらの法定記載事項を具備したものでなければなりません。また，締結前には，内閣総理大臣に対して届出を行わなければなりません（同法4条1項)。法務部は，契約の内容管理はもちろん，締結にあたってのスケジュールの管理にも関わる必要があります。

また，投資信託約款は，一般社団法人投資信託協会の協会規則を遵守したものである必要があります。基本的には，投資信託約款と協会規則の整合性をレ

ビューすることとなりますが，特定の規定については，関連する法改正が行われた際に，文言のひな形が出されている場合もあります。その時点で有効な協会規則にあたるだけでなく，過去の協会からの発出文書を確認する必要があることにも留意が必要です。

(2)　運用委託契約

投資信託の運用を外部に委託する場合には，運用委託先との間で委託契約を締結する必要があります。運用委託契約については，内容が金融商品取引法および投信法を遵守したものになっているか，投資信託約款と矛盾したものになっていないか等を確認する必要があります。

(3)　その他の付随契約

投資信託に関する報酬は，信託報酬として一括して徴収され，委託者・受託者・販売会社の間で配分されます。その配分について取り決める覚書がありますので，法務部が内容を確認する必要があります。

なお，いわゆるマザー・ベビーファンドの場合には，実質的な運用行為はマザーファンドレベルで行われますが，報酬はベビーファンドレベルで収受します。運用外部委託先がある場合，その運用委託はマザーファンドについてのみ行われるのが通常だと思われますので，委託報酬の算定方法や支払いタイミング，ベビーファンドでの開示の仕方には留意が必要になります。

(4)　販売資料

交付目論見書，請求目論見書および有価証券届出書等の開示資料には，法定の記載事項があります。法務部がこれらを確認する場合には，法定記載事項を具備しているかという観点から確認することになります。昔から存在するファンドについては，歴代の担当者が確認をしている部分ではありますが，新しく担当になる場合には，その時々の変更点のみに目を奪われることなく，全体を通して確認するようにしましょう。

また，販売資料については，虚偽・誤解表示に該当しうるような記載がないか，適切な注意書きや留保が行われているか，リスク管理の観点から確認する必要があります。時として，商品開発部門やマーケティング部門と意見が相違することもあるかもしれませんが，法務・コンプライアンスは会社が負うことになるリーガルリスクおよびレギュラトリーリスクを管理する必要がありますので，正しいと考えることがある場合には，合理的な根拠を示しつつ，関連部署を説得する必要があります。

2．実務上の留意点

(1)　ひな形の存在

投資信託の組成にあたっては，受託者となる信託銀行から投資信託約款のひな形を入手し，必要な修正を加えることになります。受託者となる信託銀行はそれぞれひな形を有しており，同じ趣旨の規定であっても文言の詳細は異なる場合があります。初めて契約を締結する信託銀行との間では，約款のやりとりについて多少の時間を要することを見越して作業するようにしましょう。

(2)　運用に関わる記載

投資信託約款には，運用の基本方針等運用に関する記載事項があります。これらの事項については，運用者および商品開発担当者と協議し，法務担当者としてその運用内容の基本的な部分を理解した上で，約款の作成にあたる必要があります。特に，運用の基本方針の記載と約款本体の運用に関する規定に矛盾が生じないようにする必要があります。

また，解約対応にあたっては流動性を考慮する必要があります。資産売却から償還までに要する期間は，運用対象商品によってさまざまです。流動性が低い投資対象に投資する場合には，流動性を確保するために十分な期間が確保されているか確認することも必要になります。さらに，他のファンドに投資する場合には，当該投資対象ファンドにおいて償還資金を捻出するために必要な期間を踏まえて，償還金・清算金の支払期間を定める必要があります。特に，海外ファンドの場合には営業日そのものが異なりますので，商品設計担当者と協議しながら，無理な日程になっていないか確認するようにしましょう。他のファンドに投資する場合，分配金の支払いについても問題が生じないようにスケジュールを確認する必要があります。

(3)　費用に関わる記載

費用の記載については，詳細なものから漠としたものまでいろいろな記載方法がありえます。他社の例も参考にして投資者にわかりやすい記載を心がける必要があります。また，費用の計上方法および支出方法については，ファンド計理担当者とよく確認する必要があります。顧客本位の業務という観点からは，わかりやすい記載が必要になる一方で，業務の効率性という観点からは詳細な規定は敬遠される場合があります。

(4)　開示資料および販売資料

目論見書や販売資料については，法定記載事項を具備するとともに，虚偽・誤解表示に該当するような記載がないかを確認する必要があります。具体的な線引きは難しいですが，過去の行政処分事例・検査指摘事例や裁判例も参考にして，一般投資家の目線から資料を確認することが望ましい姿勢であると思われます。特に，過去の実績の一部が，「実績」ではなく一定の前提をおいた仮想の数字である場合には，その旨を留保した上で計算の前提に関する説明は不可欠です。比較する場合には，どういう前提で比較しているのか，投資者にわかりやすいように丁寧な説明を心がけるべきです。

(5)　資産残高の合算

投資一任契約の場合には，投資一任報酬を算定するにあたり，同一顧客から委託を受けたほかの資産と残高を合算の上，報酬料率を適用することが少なくありません。投資信託においては，たとえばファンド・オブ・ファンズの形式をとることで，同一の戦略で投資を行う複数のファンド間の資産残高を実質的に合算することが可能です。他方で，マザー・ベビーファンドの場合は，ベビーファンドごとに報酬を収受することになりますので，合算は一般的ではないように思われます。

(6)　ベンチマークインデックス

アクティブファンドでもパッシブファンドでも，ベンチマークを採用していることが多いと思われます。ベンチマークの使用にあたってはライセンスが必要ですので，使用するベンチマークについてライセンスを受けているか念のため確認することが望ましいと思われます。特に，ベンチマークのデータを利用するための契約とファンドのベンチマークとして運用およびマーケティングに用いるための契約は別である場合も多く，注意が必要です。また，ベンチマークの著作権者からは一定のディスクレーマーを付記することが求められることも多いと思われますので，ファンド関係資料や自社ウェブサイトにおいて，当該ディスクレーマーが適切に使用されるように関係部署と協働が必要です。

Q41 投資信託（全般）に関連する法令

当社で組成，運用，販売している投資信託に関して，それぞれの場面でどのような法令による規制がなされており，どのように役割分担されているのでしょうか。

組成の場面においては，主として投信法が規制しています。運用の場面においては，投信法と金商法が規制しています。販売の場面においては，これらの法律に加えて，金販法による規制があります。これらの法律が役割分担をしつつ，場合によっては重畳的に適用されることになります。

1．法律上の整理

(1) 投 信 法

投信法は，「投資信託又は投資法人を用いて投資者以外の者が投資者の資金を主として有価証券等に対する投資として集合して運用し，その成果を投資者に分配する制度を確立し，これらを用いた資金の運用が適正に行われることを確保するとともに，この制度に基づいて発行される各種の証券の購入者等の保護を図ることにより，投資者による有価証券等に対する投資を容易にし，もつて国民経済の健全な発展に資すること」を目的としています（同法1条)。この目的規定からも明らかなように，投信法は，投資信託の組成・運用・販売（投資者保護）のすべての場面を規律しています。具体的には，投資信託契約，受益証券，運用指図，運用報告書，帳簿書類，解約等について，規定を置いています。

(2) 金 商 法

金商法は，「有価証券の発行及び金融商品等の取引等を公正にし，有価証券の流通を円滑にするほか，資本市場の機能の十全な発揮による金融商品等の公正な価格形成等を図り，もって国民経済の健全な発展及び投資者の保護に資することを目的」とします。この観点から，「企業内容等の開示の制度を整備」し，「金融商品取引業を行う者に関し必要な事項を定め」ます（同法1条)。

具体的には，金商業者のうち，投信運用業者の業務の一つとして（同法28条4項），投資信託の運用に関する行為を定めています（同法2条8項14号）。金商業を行うには，内閣総理大臣の登録が必要とされ（同法29条），さまざまな行為規制が課せられています。

また，投資信託の受益証券については，有価証券の一つとして（同法2条1項10号），発行市場における開示規制および流通市場における開示規制が定められています。

委託者指図型の投資信託の受益証券は，同法2条8項7号に規定する自己募集・私募の対象となっています。したがって，自らが委託者となっている投資信託の取得勧誘を行うためには，第二種金融商品取引業の登録（同法28条2項1号）で足りることとなります。これに対して，他社が委託者となっている投資信託の受益証券の取得・勧誘は，募集・私募の取扱い（同法2条8項9号）に該当しますので，第一種金融商品取引業の登録（同法28条1項1号）が必要となります。基本的な概念ですが，募集・私募と募集・私募の取扱いとでは，法律上の位置付けが大きく異なりますので混同しないよう注意する必要があります。

(3)　金販法

金販法は，「金融商品販売業者等が金融商品の販売等に際し顧客に対して説明をすべき事項等及び金融商品販売業者等が顧客に対して当該事項について説明をしなかったこと等により当該顧客に損害が生じた場合における金融商品販売業者等の損害賠償の責任並びに金融商品販売業者等が行う金融商品の販売等に係る勧誘の適正の確保のための措置について定めることにより，顧客の保護を図り，もって国民経済の健全な発展に資すること」を目的としており（同法1条），販売の際の説明義務は損害額の推定規定を置いて，投資者保護を図っています。投信委託会社には通常無関係のように思われますが，自己設定投資信託の直販をする場合には，金販法の適用も受けることになります。

2．実務上の留意点

(1)　規制が複雑であること

投資信託に関する法律問題を考えるときには，適用がある法律が複数にわたる上に，たとえば金商法はそれ自体が非常に複雑であり，かつ関連する政省令は多岐にわたることが特徴的です。これらの法令に書いてあることの詳細をすべて把握することは，極めて困難だと思われます。したがって，まずは，どの法律にどのようなことが大枠で書いてあるかを理解するように努めることが重要です。大枠で把握するといっても，いきなり条文を素読してそれが何を意味しているかを理解することは不可能ですので，やはり投信法の簡単な概説書を読むことからはじめ，金商法の概説書の関連部分を読んだ上で，具体的な問題を前にして条文に当たりつつ，場合によってはより詳細な解説書を参照するという習得方法が望ましいように思われます。

⑵　条文は改正されるものであること

金商法は改正が多い法律です。法律レベルでの改正に加えて，政省令レベルでの改正は頻繁にあります。金融庁のTwitterアカウントをフォローする等の方法で，改正の有無を適時に把握することが可能です。参照している条文がその時点で有効なものであるかは常に注意を払いましょう。改正法によっては，部分的に施行期日が異なるものもあるので注意が必要です。施行期日は，現在から将来にむけての問題を検討するにあたって極めて重要ですが，法務部に持ち込まれる問題は，今現在のもののみではなく，過去の事象に関する問題もありえることにも留意する必要があります。その際は，過去にさかのぼった時点で有効な条文を参照する必要があります。したがって，法令提供データベースを活用することや，過去の証券六法はすべてを廃棄することなく法務・コンプライアンス部内で１冊は保管しておくといった工夫が望ましいと思われます。

⑶　過去のパブリックコメントの回答を活用すること

一定の例外的な場合を除き，法令改正や政省令改正にあたっては，その案はパブリックコメントに付されます。パブリックコメントの状況は金融庁のウェブサイトから把握できますし，パブリックコメントの回答もウェブサイトに掲載されます。今，自分が直面している問題に直接的に回答している場合もありますし，直接的に回答していない場合であっても，問題を検討するにあたって示唆を与えてくれる回答もありますので，関連する条文に関するパブリックコメント回答がないかは確認しておくとよいでしょう。可能であれば，パブリックコメント回答をまとめたファイル１部を部内で保管することで，逐次ウェブサイトを検索する手間を省くことができますし，メモ書き等を活用することで，部内の知見の共有化も可能になるものと思われます。もちろん，金融庁の見解も時期によって変わる場合もありますので，パブリックコメントの回答そのものが絶対的な権威となるものではありませんが，考え方の出発点として，一定の価値を有することに変わりはありません。検査等で金融庁や証券取引等監視委員会との協議が必要になった場合も，一定程度よりどころになるものと思われます。

また，パブリックコメントの他にも，金融庁のノーアクションレター制度における回答や，過去の検査指摘事例・行政処分事例を参照することで問題解決の方向性が見えることもありえます。このような公開されている情報は活用するようにしましょう。

(4)　パブリックコメントの機会を活用すること

既に述べたように，法令および政省令の改正にあたっては，原則としてパブリックコメント手続が実施されます。コメントを行うことは個人の資格でも可能ですので，疑問に思うことや，意見がある場合にはコメントをよせることで，当局から有益な回答（場合によっては，条文案の修正）を引き出すことも可能です。一人ひとりが制度設計に貢献することができる貴重な機会ですので，積極的に活用するべきです。

Q42 投資信託の運用に対する法的規制

投資信託の運用に対して法務部が気を付けることはありますか。また，投資信託の運用に対する法的規制に関して，どのような法令に気を付ける必要がありますか。

A

投資信託における信託財産の運用は，投資信託の根幹としてさまざまな規制を受けることに気を付けるべきです。まず当然ですが，投信法上の規制に服します。次に，投資信託委託会社は，投資運用業者すなわち金商業者であるため，金商法の規制にも服します。さらに，投信協会の規則にも気を付ける必要があります。以下，各規制を概観した上で実務上留意すべき事項を紹介します。

1．投信法による規制

(1)　運用の指図の制限

投資信託委託会社は，同一の法人の発行する株式を，投資信託財産として有する株式に係る議決権の50%を超えることとなる場合においては，受託者に対してその株式の取得を指図してはなりません（投信法9条，同法施行規則20条）。

これは，投資信託委託会社が，投資信託を利用して他の法人を支配することを禁止したものです。

(2)　議決権等の指図行使

投資信託財産は法形式的には受託者が所有しています。しかし，投資信託財産として有する有価証券に係る議決権等の行使については，投資信託委託会社が，受託者に対して指図することとなっています（投信法10条）。

(3)　特定資産の価格等の調査

投資信託委託会社は，運用指図を行う財産が土地・建物といった不動産の特定資産を取得，譲渡する場合，その不動産の鑑定評価を，不動産鑑定士で利害関係人でないものに行わせる必要があります（投信法11条1項）。また，それら不動産等以外の特定資産を取得，譲渡する場合には，その特定資産の価格の調査を利害関係人でないものに行わせる必要があります（同法11条2項）。

ただし，上場株式等はかかる調査は不要です。客観的な価格評価が容易だからです。

2．金商法による主な規制

(1)　自己取引の禁止

投資運用業者は，自らまたはその取締役・執行役との間における取引を行うことを内容とした運用を行うことが禁止されています（金商法42条の2第1号）。利益相反行為を防止する趣旨です。

ただし，以下の行為は利益相反による弊害のおそれがないものとして許されています（業府令128条）。

① 運用財産である有価証券の売買またはデリバティブ取引の取次ぎを行うことを内容とした運用を行うこと。

② 次に掲げる要件のすべてを満たす取引を行うことを内容とした運用を行うこと。

イ　個別の取引ごとに，すべての権利者に当該取引の内容および当該取引を行おうとする理由の説明（取引説明）を行い，当該すべての権利者の同意を得たものであること。

ロ　次のいずれかに該当するものであること。

(1)　市場における有価証券の売買

(2)　市場デリバティブ取引または外国市場デリバティブ取引

(3)　前日の公表されている最終の価格に基づき算出した価額またはこれに準ずるものとして合理的な方法により算出した価額により行う取引

③ その他投資者の保護に欠け，もしくは取引の公正を害し，または金融商品取引業の信用を失墜させるおそれがないと認められるものとして金融庁長官等の承認を受けた取引を行うことを内容とした運用を行うこと。

(2)　運用財産間の取引の禁止

複数の顧客がいる場合に，その運用財産相互に取引をすることが禁じられています（金商法42条の2第2号）。得意客の財産に有利な内容としてもう一方の顧客の利益を犠牲にすることを防止する趣旨です。

これについても，1つの運用財産の運用を終了させるために行う場合といった当該取引を行うことが必要かつ合理的である場合や，取引説明を行ってすべての顧客から同意を得た場合等には許される例外措置があります。

(3) 損失補塡の禁止

権利者間での不公平感や投資運用業者に対する不信感を生み出し，投資そのものへの意欲を低下させるため，損失補塡は禁止されます（金商法42条の2第6号）。実際に損失補塡するだけでなく，その約束も許されません（同法39条1項）。ただし，損害賠償の性格を持つ事故の損失補塡は限定的に認められます（同法39条3項）。

(4) 投資者の保護に欠ける，取引の公正を害する，金商業の信用を失墜させる行為の禁止

権利者の利益以外を目的としたり，権利者の権利を害したりすることを防止するため，善管注意義務の観点から多くの規制が定められています（金商法42条の2第7号，業府令130条）。

① 自己または第三者の利益を図るため，権利者の利益を害することとなる取引を行うことを内容とした運用を行うこと。
② 第三者の利益を図るため，その行う投資運用業に関して運用の方針，運用財産の額または市場の状況に照らして不必要な取引を行うことを内容とした運用を行うこと。
③ 運用財産に関し，金利，通貨の価格，金融商品市場における相場その他の指標に係る変動その他の理由により発生しうる危険に対応する額として予め金商業者が定めた合理的な方法により算出した額が当該運用財産の純資産額を超えることとなる場合において，デリバティブ取引を行い，または継続することを内容とした運用を行うこと。
④ 運用財産に関し，信用リスクを適正に管理する方法として予め金商業者が定めた合理的な方法に反することとなる取引を行うことを内容とした運用を行うこと。

(5) 再委託の制限

投資信託委託会社は，運用を行う権限の全部または一部を，他の投資運用業者に委託することができます（金商法42条の3第1項）。ただし，すべての運用財産について運用権限の全部を委託することはできません（同法42条の3第2

項)。すべて丸投げするなら存在する意味がないためです。

再委託をする場合は，委託契約に一定の事項を定める必要があります（業府令131条)。

⑹　金銭または有価証券の貸付等の禁止

貸付によって過剰投資につながるおそれがあるため禁止されます（金商法42条の６)。

⑺　そ の 他

投資信託委託会社が２種類以上の業務を行う場合の情報の利用（金商法44条）や不必要な行為（同法44条の２)，親子会社間の取引（同法44条の３）にも規制があります。複雑な規制でしかも頻繁に改正されますので，少なくとも単純な抵触はないように注意すべきです（Q41参照)。

３．投信協会規則による規制

いわゆる一般的な投資信託のほか，私募，ファンド・オブ・ファンズに分類して運用指図，運用投資対象について規定されています。それぞれ注意する必要があるでしょう。

４．実務上の留意点

実務上は，ビジネス上の要請・ニーズがあるのにさまざまな規制を受けそうな場合，例外として許されないか検討し，何とかニーズにこたえていくことがポイントになります。

たとえば，自己取引の禁止でいうところの「合理的な方法により算出した価額により行う取引」に該当するかを検討することがでてくると思われます。検討の際には金融庁のパブリックコメント（Q41参照）等にも目を配り，当該事案に応じて具体的に行う必要があります。

また，運用財産間の取引は，かかる取引を行う実務上の要請が強いといえます。例外に該当するかどうかがやはり問題となってくることが多いでしょう。パブリックコメントのほか監督指針にも目配りが必要です。特に，損失補塡については，顧客の納得を得る必要があることが多いためこの例外に該当するか，そして補塡額，補塡方法を定めるのがもっとも悩ましいかもしれません。

Q43 投資信託のディスクロージャー

当社が組成，運用，販売する投資信託について，目論見書のレビューを依頼されました。当社は，投資家に対してどのようなディスクロージャーを行う義務があるのですか。また，気を付けるべき関連法令があれば教えてください。

目論見書（もくろみしょ）とは，これから組成，運用，販売される投資信託について，投資しようとされる顧客（投資者）の投資判断に必要な事項を説明する文書です。まずは，関連法令に適合したものすることが義務となります。気を付けるべき関連法令は金商法のほか，特定有価証券の内容等の開示に関する内閣府令（以下「特定有価証券開示府令」といいます），特定有価証券開示ガイドライン，投信協会規則等があります。

1．目論見書とは

(1) 定　義

目論見書は金商法に定義されていますが，有価証券の募集または売出しのために当該有価証券の発行者の事業その他の事項に関する説明を記載する文書であって，相手方に交付し，または相手方からの交付の請求があった場合に交付するものをいいます（金商法2条10項）。有価証券届出書の提出義務がある場合に，目論見書を作成する義務があります（同法13条）。

(2) 仮目論見書と本目論見書

有価証券届出書は提出しただけでは効力が発生しません。提出後，15日を経過した日が効力発生日になります（金商法8条1項）。この中15日を待機期間といいます。

投資信託の販売が可能になるのは，有価証券届出書の効力発生日からですが（同法15条1項），待機期間中も販売に至らない勧誘はできます（同法4条1項柱書）。

この待機期間中に使用される目論見書を仮目論見書，効力発生後きちんと販売ができるようになってからの目論見書を本目論見書といいます。

(3)　交付目論見書と請求目論見書

金商法施行前の証券取引法時代に，それまで１冊だった目論見書が，交付目論見書と請求目論見書に分冊化されました。すべての投資家に必要な情報と，投資家によって必要となるより詳細な情報を区分する趣旨です。

2．交付目論見書

(1)　交付義務

交付目論見書は，すべての投資家に交付される目論見書です。投資信託の基本的な情報が記載されます。投資信託を募集・売出しにより取得させ，売り付ける場合に，前もってまたは同時に交付する義務があります（金商法15条２項）。

ただし，適格機関投資家に取得・売り付ける場合，もともと同じ銘柄を持つ顧客かその同居者が目論見書の交付を受けないことに同意した場合等は交付義務がありません。

(2)　記載事項

交付目論見書には，投資者の投資判断に極めて重要な影響を及ぼすものを記載します（金商法13条２項）。

内国投資信託の場合，特定有価証券開示府令第25号様式の記載事項と特記事項（特定有価証券開示府令15条の２第１項１号・２項）を記載します。さらに投信協会の交付目論見書の作成に関する規則・細則に従います。

【第25号様式】

1　基本情報
- (1)　ファンドの名称
- (2)　委託会社等の情報
- (3)　ファンドの目的・特色
- (4)　投資リスク
- (5)　運用実績
- (6)　手続・手数料等

2　追加的情報

※実際には以上の項目に（記載上の注意）が続きます。

【特記事項】

- 届出日および当該届出の効力発生の有無の確認方法
- 当該届出が効力を発生している旨
- 請求目論見書は投資者の請求により交付される旨および請求を行った場合にはその旨の記録をしておくべき旨
- 投資信託が外国通貨によって表示されるものである場合には，外国為替相場の変動により影響を受けることがある旨

(3)　外国投資信託の場合

外国投資信託（投信法2条24項）の販売をすることもあるでしょう（Q46参照）。そのような場合も目論見書は必要です（金商法13条）。ただし，様式等が変わります。

3．請求目論見書

(1)　請求があったときに限り交付

請求目論見書は，投資家から請求があった場合に交付しなければなりません。逆に請求がなければ一律に交付する義務はありません。

ファンドの沿革や経理情報といった追加的な情報が記載されます。より詳細に検討したい投資家のためにプラスアルファで提供する情報といえます。

(2)　記載事項

請求目論見書には上述のとおり追加的な情報を記載します。内国投資信託の場合，特定有価証券開示府令第4号様式の記載事項のうち，第三部第2・第3の事項（金商法13条2項2号イ，特定有価証券開示府令16条1号）と特記事項（特定有価証券開示府令16条の2第1項1号・2項）になります。

4．仮目論見書

仮目論見書は，有価証券届出書の効力発生前に使用されるというだけで，記載事項は上述の交付目論見書，請求目論見書と原則として同じです。

ただ，仮に使用するという性質上，記載内容が訂正される可能性があります。そのため，本目論見書の特記事項と異なる記載が求められる事項もあります

（特定有価証券開示府令15条の２第１項２号・16条の２第１項２号）。

【仮目論見書特有の特記事項（交付仮請求書の場合）】

- 届出日および当該届出の効力の発生の有無（当該効力が生じていない場合においては，当該届出仮目論見書に記載された内容につき訂正が行われることがある旨を含む）を確認する方法
- 届出日および当該届出の効力が生じていない旨（上の項目が記載されていれば重ねて記載しなくてよい）
- 当該届出仮目論見書に記載された内容につき訂正が行われることがある旨

５．実務上の留意点

実務的には，「形ばかり」になるのではなく（法的適合性ばかり気にかけて，大部で読みづらいものではなく），投資判断に真に重要な情報が投資者に伝わるよう，わかりやすく簡潔に記載し，投資者が利用しやすいディスクロージャーを行うことが肝要ではないでしょうか。

交付目論見書は，投資者の投資判断に極めて重要な影響を及ぼすものを記載するとされていますし，そもそも金融庁「顧客本位の業務運営に関する原則」では，原則５として「重要な情報の分かりやすい提供」が掲げられているところだからです。

まさに，形だけでない実質的なディスクロージャーが必要な場面として，ファンドの特色等を考慮し，投資者がファンドの内容を容易に，かつ，正確に理解できるよう，簡潔に，かつ，わかりやすく記載するよう工夫を凝らすのがポイントと思われます（Q40の１⑷参照）。

Q44 大量保有報告への関与

本日当社が運用しているファンドにおいて，ある発行会社の株式を取得した結果，保有株数を合計すると同社の発行済み株式総数の５％超を当社運用ファンドが保有することとなりました。大量保有報告の提出に対して，法務部門やコンプライアンス部門はどのように関与しますか。

A

法務部門やコンプライアンス部門としては，正確な法令文言の解釈を行うよう，自ら努め，または他の部門を補助していく必要があります。また，さまざまな事務効率化の改善提案ができます。さらに，過誤報告があった場合の事後対応を適切に行うよう，自ら努め，または他の部門を補助していく必要があります。

1．法律上の整理

大量保有報告制度とは，金商法に定められている，株式を大量に保有している者の報告書の提出・開示義務です。このルールは，５％超が基準とされていることから，「５％ルール」とも呼ばれます。

すなわち，金融商品取引所に上場されている株式の保有者で保有割合が５％を超える者は，保有割合に関する事項，取得資金に関する事項，保有の目的その他の事項を記載した大量保有報告書を，大量保有者となった日から５営業日以内に，財務局に提出（具体的にはEDINETで提出）しなければなりません（金商法27条の23第１項）。また，大量保有報告書を提出すべき者は，大量保有者となった日の後に，株券等保有割合が１％以上増加しまたは減少した場合その他の大量保有報告書に記載すべき重要な事項の変更として政令で定めるものがあった場合は，その日から５営業日以内に，変更報告書を財務局に提出（具体的にはEDINETで提出）しなければなりません（同法27条の25第１項）。

大量保有報告への対応は，官公庁等への提出書類等の作成・提出に関する事項を所管している法務部門やコンプライアンス部門以外の部署（たとえば，企画部門や総務部門など）が担当している会社が多いでしょう。しかし，法令に基づく義務ですので，法務部門やコンプライアンス部門が関与することもあります。

2．実務上の留意点

(1)　正確な法令文言の解釈を行う

基準は５％超や１％以上であり，一見するとその判断基準は明確なようにも思えます。

しかし，新株予約権など潜在株式をどのようにカウントするのか，信託財産として保有している株式をどのようにカウントするのか，誰までが共同保有者に該当するのか等々，計算にあたっては意外と考慮すべき事項がたくさんあります。特に投資運用業者の場合，銀行や証券会社などを中核とする大手金融機関グループの子会社である場合も多く，親会社や兄弟会社がみなし共同保有者となるのではないか等，十分に留意する必要があります。

また，短期大量譲渡報告制度の対象とならないかも目配りする必要があります。すなわち，株券等保有割合が減少したことにより変更報告書を提出する者は，短期間に大量の株券等を譲渡した場合においては，譲渡の相手方および対価に関する事項についても当該変更報告書に記載しなければなりません（金商法27条の25第２項）。つまり，通常の変更報告書に比べ記載事項が増えるのですが，これに該当しないか，そして該当する場合には記載事項が必要十分かをチェックする必要があるのです。

法務部門やコンプライアンス部門としては，正確な法令文言の解釈を行うよう，自ら努め，または他の部門を補助していく必要があります。

(2)　事務効率化への提案を行う

法務部門やコンプライアンス部門は，大量保有報告制度に関する事務の効率化への提案を行うこともできるでしょう。

たとえば，これまで特例報告制度を採用していなかった金融事業者において，特例報告制度という簡易な制度の利用を提案することもできるでしょう。

特例報告制度とは，日常的な業務のために反復継続的に株式を取得・処分する金融事業者の事務負担の軽減の必要があること等を考慮して，報告書の提出頻度・期限・開示内容について一定の緩和・軽減を図る制度です。この制度を使えば，金融事業者が保有する株式で，発行会社の事業活動に重大な変更を加え，または重大な影響を及ぼす行為を行うことを保有の目的としないものに係る大量保有報告書は，株券等保有割合が初めて５％を超えることとなった基準日における当該株券等の保有状況に関する事項を記載したものを，当該基準日から５営業日以内に，財務局に提出（具体的にはEDINETで提出）することができます（金商法27条の26第１項）。すなわち，月２回の基準日の時点のみにおいて，大量保有報告書または変更報告書の提出義務の有無を判断し，当該基準日から５営業日以内に報告書を提出すれば足りることになります。通常の大量保有報告制度の下では，日々個別株式の取得・処分をモニタリングし，その都度報告書を作成・提出しなければなりませんが，これが月２回の基準日のみをモニタリングするだけで足りるのです。

以上は法令で認められた制度を活用しようという法律家らしい事務効率化の提案ですが，それ以外にも，制度全体を俯瞰的に見ている法務担当者であれば，たとえば，日々の個別株式の取得・処分のモニタリング方法の改善提案や，過去の大量保有報告書および変更報告書のファイリング方法の改善提案など，さまざまな事務効率化の改善提案ができるはずです。

⑶　過誤報告があった場合の事後対応を適切に行う

大量保有報告書や変更報告書の提出の要否・時期を判断する基準となる共同保有者や株券等保有割合の概念の理解が難しいことから，大量保有報告書や変更報告書を100％間違いなく完璧に実施することは非常に難しいです。実際にも年間2,000件前後の訂正報告書が提出されているところです（根本敏光『大量保有報告制度の理論と実務』（商事法務，2017）210～211頁）。とはいえ，それを言い訳にすることなく，法務部門やコンプライアンス部門としては，過誤報告があった場合の事後対応を適切に行うよう，自ら努め，または他の部門を補助していく必要があります。

すなわち，大量保有報告書または変更報告書を提出した者は，これらの書類に記載された内容が事実と相違し，または記載すべき重要な事項もしくは誤解を生じさせないために必要な重要な事実の記載が不十分であり，もしくは欠けていると認めるときは，訂正報告書を財務局に提出（具体的にはEDINETで提出）しなければなりません（金商法27条の25第３項）。

また，財務局長が，大量保有報告書や変更報告書などに，重要な事項の記載が不十分であると認めるとき，重要な事項について虚偽の記載があるとき，記載すべき重要な事項または誤解を生じさせないために必要な重要な事実の記載が欠けていることを発見したときなどには，訂正報告書の提出を命じられることがあります（同法27条の29第１項・９条１項・10条１項）。さらに，大量保有報告書または変更報告書の不提出に対しては課徴金が課される可能性があるほか（同法172条の７），重要な事項につき虚偽の記載があり，または記載すべき重要な事項の記載が欠けている大量保有報告書または変更報告書を提出した場合にも，課徴金が課される可能性があります（同法172条の８）。

以上は行政罰ですが，刑事罰も規定されています（同法197条の２第５号・６号，200条11号・12号，205条３号・５号・６号，207条）。すなわち，たとえば大量保有報告書または変更報告書の不提出または虚偽記載等に対しては，法人に対しては５億円以下の罰金，個人に対しては５年以下の懲役もしくは500万円以下の罰金または併科が科される可能性（しかも両罰規定）があります。

以上のほか，社団法人投資信託協会等の所属自主規制団体に対し，法令違反または不適切行為の報告をしなければならないこともあります。

いずれにせよ，法務部門やコンプライアンス部門としては，行政罰や刑事罰が課されうる・科されうることも十分認識の上，当事者意識（オーナーシップ）を持って，過誤報告があった場合の事後対応を適切に行うよう，自ら努め，または他の部門を補助していく必要があります。

Q45 KPI

金融庁が設定を推進しているアセットマネジメント会社のKPIや共通KPIとはどういうものでしょうか。KPIの設定にあたり，法務・コンプライアンス部が果たす役割を教えてください。また，当社は主として企業年金基金を顧客としているアセットマネジメント会社ですが，どのような観点からKPIを考えればよいでしょうか。

A

KPIとは，顧客本位の業務運営の定着度合いを評価するための客観的な指標のことであり，「顧客本位の業務運営に関する原則」に対する事業者の取組みの見える化を促進させる観点から，金融庁は，これを取組方針や実績に盛り込むように推進しています。また，共通KPIとは，金融庁が公表している事業者間で比較可能なKPIのことです。

KPIは，顧客のための指標ですので，営業戦略の観点から活用すべきものと考えられます。したがって，法務・コンプライアンス部門としては，営業や営業企画部門をサポートするという観点から設定に関わるべきものと思われます。

1．法律上の整理

金融庁は，平成29年3月に「顧客本位の業務運営に関する原則」（以下「原則」といいます）を公表しました。この原則については，対象となる金融事業者には定義がなく，アセットマネジメント会社もその主たるビジネスの対象にかかわらず広く対象となります。

原則は，金融事業者がとるべき行動について詳細に規定する「ルールベース・アプローチ」ではなく，金融事業者が各々の置かれた状況に応じて，形式ではなく実質において顧客本位の業務運営を実現することができるよう，「プリンシプルベース・アプローチ」を採用しているとされています。したがって，金融事業者は，原則の趣旨・精神を自ら咀嚼した上で，それを実践していくためにはどのような行動をとるべきかを適切に判断していくことが求められています。

金融事業者が原則を採択する場合には，顧客本位の業務運営を実現するための明確な方針を策定し，当該方針に基づいて業務運営を行うことが求められています。KPIのコンセプトは，原則と同時に公表された「「顧客本位の業務運営に関する原則」の定着に向けた取組み」に記載されています。原則の推進により，より良い取組みを行う金融事業者が顧客から選択され，これを踏まえて金融事業者が自らの業務運営を不断に見直していく，という好循環を生むために，顧客が主体的に行動することが重要であり，金融事業者の取組みの「見える化」や顧客のリテラシーの向上が求められるとされています。

その「見える化」の一環として各金融事業者においては，顧客本位の業務運営の定着度合いを客観的に評価できるようにするための成果指標（KPI）を，取組方針やその実施状況の中に盛り込んで公表するよう働きかけるとされています。このような背景で，近年アセットマネジメント会社を含めた金融事業者に対しては，KPIの設定が促されています。

2．実務上の留意点

(1) そもそもKPIとは何か

KPIとは，Key Performance Indicatorの略語です。一般的には，KPIは最終的な目標を達成するためにどのような過程にあるのかを計測する中間指標のこととされています。金融庁が提示しているKPIの場合，その最終目標は金融事業者において顧客本位の業務運営がなされていることですが，その最終目標の達成度を測る指標としては，KGI（Key Goal Indicator）が用いられます。

最終的な目標を達成するために充足すべき要因を分析・検討し，それらの要因をどの程度充足すれば，最終的な目標が達成できるかを踏まえた上で，その要因の充足状況を数値で継続的に計測するのが KPIとされています。すなわち，KPIは，KPI単独で存在するものではないと考えられます。まずは，最終目標を設定した上でその達成度を測るためのKGIを設定し，さらにそれを達成するために主要な要因（KSFやKFSという略語がこれに該当します）を分析することが必要になります。その上で，その要因がどの程度充足されているのかを客観的に測ることが可能な指標がKPIということになります。

(2) 金融庁が公表を求めている指標とは何か

上記は，インターネット等でKPIを検索すれば容易に発見できる一般的な説明です。他方で，金融庁が推進しているKPIを策定する上で留意が必要なのは，それが「顧客本位の業務運営の定着度合いを客観的に評価できるようにするための成果指標」であるということです。上記の説明にこの定義を当てはめて考えると，この定義そのものはKPIではなく，KGIに近いもののようにも思われます。他方で，KGI（たとえば売上数，利益額などがよく挙げられます）は通常達成すべき目標数値（XX個，XX円等）を伴うものです。この点，金融庁は，KPIのコンセプトを公表した際には具体的な目標数値は述べていませんでした。これは，原則がプリンシプルベース・アプローチを採用しているためと考えられます。

(3) 共通KPIの公表

その後，金融庁は平成30年6月に「投資信託の販売会社における比較可能な共通 KPI について」と題して，投資信託の販売会社に関する比較可能なKPIとして3つの指標を公表しました。また，この公表以後，金融庁は共通KPIを用いた傾向分析を継続的に発表しています。この傾向分析は，金融庁として，KPIの継続的なモニタリングをしているものですので，ここには金融庁が期待を込める方向性が示唆されていると考えることが合理的と思われます。傾向分析は色々な角度から共通KPIの状況を分析しているものの，少なくとも現時点では，原則の定着という最終目標を測るKGIの1つとして，「運用損益率0％以上の顧客割合」が想定されているように思われます。

(4) KPIの設定

設定方法については，好事例のKPIを金融庁が公表していますので，それらを参考にして設定する方法があります。また，顧客が機関投資家に限られる場合でも，機関投資家はアセットマネージャーの評価基準をそれぞれ定めていることが一般的ですので，それらを参考に設定することも考えられます。今後も各業態について共通KPIが発表されていくことが予想されますので，各社の動向を見ながら自主KPIを設定していくことを検討すべきと思われます。

金融庁が公表している共通KPIや好事例はリテールビジネスに軸足を置いたものと考えられがちですが，前掲(3)のとおり，KGIの1つが「運用損益率0％

以上の顧客割合」だとすれば，その目標自体はすべてのアセットマネジメント会社に当てはまりうるものといえるでしょう。当然のことながら，企業年金基金の一任運用が主たる業務の会社の場合には，年金基金が顧客です。また金融機関のファンド運用が主たる業務の会社の場合には，ファンドが顧客になります。

他方で，このような機関投資家が主たる顧客の会社の場合には，顧客の観点からのアプローチも考えられるところです。機関投資家は，それぞれ運用委託先の独自の選別基準を設定していることが一般的であると思われます。年金基金の顧客の場合は選別基準もある程度開示されていることが想定されますので，各顧客の選別基準を参考に，会社として共通して充足すべき要素を分析し，それを指標に用いることも有用だと考えます。また，年金基金は選別基準に従って定期的にマネージャーの入れ替えを行うことが一般的です。各年金基金顧客との契約期間が長い場合，長期にわたって顧客側の選別基準を満たしていることの証左と考えられますので，契約期間の長さが顧客本位の業務運営を行っていることの一つの指標になりうるのではないでしょうか。

(5)　KPIを検討する部署はどこか

金融庁が述べている好循環にもあるとおり，顧客本位の業務運営がなされていれば，その結果として顧客から選択され，顧客資金が集まることになるものと考えられます。また，金融庁が共通KPIの傾向分析を公表するたびに，マスメディアでは（良い方向にも悪い方向にも）大きく取り上げられてきました。したがって，顧客本位の業務運営がなされているかはコンプライアンスの問題であるものの，KPIをどのように設定するか，どのように公表していくかは，営業戦略であり，営業部門が主体的に関わるべき課題と考えられます。法務・コンプライアンス部門では金融庁が公表している資料に基づいて，営業部門をサポートすることが適切であると考えます。

2．外国投資信託に関する法務・コンプライアンス業務

Q46　外国投資信託とは

新たに外国投資信託を組成し，日本の投資家に投資してもらうことを検討しています。外国投資信託とはどういうものでしょうか。また，日本の投資家が外国投資信託に投資する際にはどういったストラクチャーがあるのでしょうか。

A

外国投資信託は，投信法２条24項に定義があります。特色としては，法令上個別の要件が定められているものではなく，その該当性について解釈に委ねられている点が挙げられます。

日本の投資家が外国投資信託に投資する場合，外国投資信託の受益証券を直接買い付ける方法や，日本の投資信託が外国投資信託に投資する方法があります。また，投資一任口座が外国投資信託を組み入れる方法もあります。

1．法律上の整理

(1)　投信法上の規律

外国投資信託は，投信法２条24項に定義があり，「外国において外国の法令に基づいて設定された信託で，投資信託に類するものをいう。」と定められています。したがって，まず，外国投資信託は外国法令に基づいた信託の形式でなければなりません。また，投資信託に類するものでなければなりません。前者の要件は比較的明確ですが，後者に関しては解釈に委ねられています。まず，日本の投資信託も投信法という信託法に対する特別法によって規律されていますので，当該投資ビークルが準拠法とする法律としてこのような信託を用いた集団投資スキームに関する特別法がある場合には，投資信託に類似するという根拠があるように思われます。また，監督官庁に対する届出義務等により，所管する監督官庁が存在する場合には，同様に有力な根拠になるものと思われます。

また，投信法の目的規定からは，①投資者以外の者が投資者の資金を主とし

て有価証券等に対する投資として集合して運用すること（＝運用者の存在），②その成果を投資者に分配する制度（＝配当等）があることが投資信託の要素として考えられます。さらに，投資信託に類似するというためには，設定・解約に関する規律や受益者保護のための議決権行使手続等があることも検討すべき点になるものと考えられます。もちろん，これらすべてを充足していなければ外国投資信託といえないというものではありませんが，充足している点が多ければ多いほど，投資信託類似であるという論拠を補強することになります。

(2)　自主規制の存在

また，外国投資信託性の検討にあたっては，一般社団法人投資信託協会が定めている「投資信託等の運用に関する規則に関する細則」３条に規定されている組み入れ基準が参考になります。この基準自体は，私募の投資信託が組み入れる外国投資信託には適用はないものの，協会が外国投資信託を公募投資信託に組み入れるための要件として定めているものであり，投資信託性を検討するにあたっては，留意すべきことが定められています。これらの規定事項は外国投資信託であるための必要条件ではありませんが，充足している点が多ければ，外国投資信託であるというための合理的な根拠があると考えることが可能であると思われます。

(3)　必要となるライセンス

①　外国投資信託の運用

日本の居住者が外国投資信託の委託者となるためには投資運用業の登録が必要になります（金商法28条４項２号・２条８項14号・１項10号）。なお，外国投資信託において委託者としての立場（このような法概念がない国もあります）ではなく，別の立場で運用に関わる場合には，同法２条８項12号ロに該当することになると考えられますので，いずれにしても投資運用業登録が必要となります。もちろん，日本の投資家が直接的または間接的に投資することがない外国投資信託に対して運用サービスを提供するために日本法に基づくライセンスが必要か否か（既にライセンスを持っている業者にとって重要なのは日本法に基づく行為規制の遵守が必要となるか）は議論がありうるところだと思われます。

②　外国投資信託の受益証券の取得勧誘

金商法28条２項１号が引用する同法２条８項７号ロが同条１項10号に規定す

る外国投資信託の受益証券を参照していますので，外国投資信託の受益証券の自己募集は，第二種金融商品取引業として可能になっています。ただし，この法的な整理については，以下で記載する点に留意する必要があります。

2．実務上の留意点

(1) 外国でのライセンス

たとえば，海外のアセットマネジメント会社は，日本の投信委託会社を介して国内籍投資信託の運用者となることはできますが，金商法に基づく登録がない限り，国内籍投資信託の委託会社となることはできません。同様の問題が外国投資信託において起こることがないかは事前に確認すべき点になります。他国で登録する場合には，現地法に従う必要がありますし，場合によっては現地の検査当局の検査を受ける可能性もあります。登録をすべきか，登録の例外がないかについては慎重に検討すべきでしょう。

(2) 外国投資信託の発行者

投信法上，投資信託委託会社は委託者指図型投資信託の受益証券の発行者とされており（投信法２条７項），その整理を前提として投資信託委託会社は自己が委託者となっている投資信託の自己募集を第二種金融商品取引業として行うことが可能となっています。逆にいえば，他社が設定した投資信託の募集・私募を行う場合，それは募集・私募（金商法２条８項７号）ではなく，募集・私募の取扱いになります（同法２条８項９号）。投資信託受益証券の募集・私募の取扱いをするにあたっては，第一種金融商品取引業が必要になります（同法28条１項１号）。

外国投資信託は，必ずしもその運用会社が投信法におけるような委託者で，当該外国投資信託の発行者であるとは限りません。投信法のように，特別法が受益証券の発行者について定めていれば，当該規定に依拠することができますが，そのような定めがなければそもそも発行者という概念はあるのか，契約上で手当てすることが可能なのか等，現地法の弁護士を交えて検討する必要があります。したがって，外国投資信託の取得勧誘行為が必要になった場合には，だれがどのようなライセンスまたは例外規定に依拠して行うべきか，慎重に検討する必要があるでしょう。また，一定の整理が可能であるという結論になった場合には，検査等に備えて法律事務所から意見書を取得することが望ましいでしょう。

(3) 外国投資信託の届出

外国投資信託には，投信法上の届出義務があります。投信法58条は，「外国投資信託の受益証券の発行者は，当該受益証券の募集の取扱い等（その内容等を勘案し，投資者の保護のため支障を生ずることがないと認められるものとして政令で定めるものを除く。）が行われる場合においては，あらかじめ，内閣府令で定めるところにより，当該外国投資信託に係る次に掲げる事項を内閣総理大臣に届け出なければならない。」としています。

外国投資信託の受益証券を日本の金融機関等の機関投資家に対して勧誘する場合，金商法の外国証券業者の特例（金商法58条の２）に依拠して，国内の第一種金融商品取引業者を通さずに，外国証券業者が国外から勧誘を行う場合も多いと思われます。この例外規定に依拠する場合，事実行為としての勧誘は日本の投資家に対して行われますので，投信法に基づき外国投資信託の届出が必要となることに留意が必要です。

外国投資信託の届出は，法令上の記載事項を整えて，一定の書類を添付して届け出ることになりますが，届出書の作成にあたっては労力が必要となりますので，多くの場合，法律事務所の助力を得て作成することになるものと思われます。また，その後の変更届出書の提出についても管理する必要があります。

(4) 外為法の届出

外国為替及び外国貿易法（以下「外為法」といいます）に基づく支払報告等は，通常の業務フローに組み込まれており，法務・コンプライアンスが関わらないことも多いものと思われます。しかしながら，外国投資信託の運用・募集・私募に携わる場合には，外為法の届出義務の有無も確認したほうがよいように思われます。日本の受益者に対して受益証券を発行する場合や，円建てのファンドの受益証券を発行する場合，外為法に基づく届出（同法20条６号および７号・55条の３第１項等）が必要になる場合もあります。外為法は届出義務者が非居住者の場合もありますので他国のチームとの連携も必要となることがあると思われます。

3. 不動産ファンドに関する法務・コンプライアンス業務

Q47 不動産ファンドに関する業務

当社は不動産アセットマネジメント会社です。投資家から国内の不動産に対して投資したいとの相談を受けました。不動産ファンドの設立・運営に必要な法務・コンプライアンス上の業務はどんなものがありますか。また，スキームの選定にあたってはどのような点に注意すべきですか。

A

不動産ファンドの形態として，資産流動化法に基づく特定目的会社，匿名組合および合同会社を使用したいわゆるTK-GKスキームなど，形態により異なりますが，設立，業務開始，物件取得，期中管理，物件処分および解散清算の各場面で法務・コンプライアンスが関与すべき各業務が発生しえます。

また，スキームの選定にあたっては，ビジネス上の要請，法務・コンプライアンス面からの検討だけでなく，税務・会計上の側面からも具体的に検討する必要があります。

1. 法律上の整理

いわゆる不動産ファンドとは，投資家から出資を受けた資金と金融機関から調達した資金により，そのために特別に設立された法人（Special Purpose Companyの頭文字を取って「SPC」やSpecial Purpose Vehicleの頭文字を取って「SPV」と称されることがあります）が不動産（またはスキームによっては不動産信託受益権）を取得して，当該不動産から得られる収益を投資家に分配することを企図したものです。SPCとしては，資産流動化法上の特定目的会社または会社法上の合同会社を用いることが一般的です。投資運用業者または投資助言業者としては，SPCのアセットマネージャーとして不動産ファンドに関与することになり，SPCのために関係各当事者と調整を行うことになります。

特定目的会社とは，資産流動化法の定めに基づき設立される法人で，その設立，運営等については，同法に基づき厳格に規制されることになります。設立後物件取得前に，業務開始届出を内閣総理大臣（実際の受領権限は管轄財務局長に委任されています。以下同じ）宛に提出し（同法４条１項），ファンドとしての資産の取得，管理および処分にかかるプランを資産流動化計画として内閣総理大臣宛に提出します。

TK-GKスキームとは，合同会社をSPCとして使用し，投資家から合同会社への出資の形態を商法上の匿名組合（商法535条）とするスキームです。SPCとして合同会社を使用する主な理由は，SPCに融資を行う金融機関の要請で，万一ファンドが破綻した際に，担保権が縮減する可能性のある会社更生法の適用を避けたいという要望があるのが一般的であるためです。そのため，会社更生手続の適用がない合同会社を使うスキームを用いるのが実務上一般的です。

２．実務上の留意点

(1)　外部法律事務所の起用およびその管理

不動産ファンドの組成および管理には，社内法務部門だけでなく，法律事務所をSPCのカウンセルとして起用し，外部法律事務所と連携して案件を進めていくことが一般的で，社内法務部門としては，外部法律事務所の管理が重要な業務となってきます。法務部としては，外部法律事務所のSPCカウンセルとしての作業を適切に管理することでプロジェクト全体の管理の一端を担うことになります。

(2)　スキーム選定，ファンド設立等

スキーム選定に関しては，取得予定の物件が現物不動産か信託受益権化されている（またはすることが可能な）物件か，投資家が国内投資家か海外投資家か，アセットマネージャーが投資運用業者か投資助言業者か，などの一般的なポイントのほかに，実務上は，SPCからの配当にかかる税務上の負担を考慮して決することになると思われます。というのも，SPCからの配当には通常であれば20.42％の源泉徴収税がかかることになりますが，投資家の属性によっては，この源泉徴収税を少なくすることができ，より投資効率を高めることができるからです。具体的には，わが国と配当にかかる税率を軽減する租税条約を締結している国に所在する者が投資家である場合，SPCから当該投資家への配当に際して，租税条約に基づく減税措置が適用になるケースが考えられます。

この点については，社内ファイナンス部門とだけでなく，社外の税理士等と協働して投資効率の高いスキーム検討を行っていくことが一般的かと思われます。

また，SPCを新たに設立する際には物件取得にかかる契約締結・決済の決済日から逆算してスケジュールを組む必要があります。具体的には，契約締結までに特定目的会社の場合には業務開始届出を，合同会社の場合には親法人となる一般社団法人の設立と合同会社自身の設立を完了している必要があるため，法務部の業務としては，いずれもスケジュール管理が重要になってきます。実務上は，案件の大まかなスケジュールが確定した段階で，SPCのカウンセルである外部法律事務所に契約締結・決済までのタイムラインやドキュメントリストの作成を依頼し，これらに基づき外部法律事務所の助けを得て，営業部門または法務部門の担当者が案件のスケジュールをプロジェクトマネージャーとして管理していくことが多いものと思われます。

これに対して，SPCを事前に設立しておき，取引が進む場合に迅速に対応できるようにしておくことも考えられますが，その場合には，設立後契約締結・決済までの間に偶発債務を負わないようにSPCを管理しておくことが必要です。また，実務上SPCのカウンセルである外部法律事務所からレンダーに対してローン実行の前提条件として提出することが一般的な法律意見書について，その作成のため，当該カウンセルに対して設立に関する手続書類を速やかに開示できるように準備しておくことが重要と思われます。

(3)　物件取得

物件取得にあたっては，売主から実際に所有権を取得するのはSPCとなりますが，投資一任業者であるアセットマネージャーはSPCのために売主と売買契約の交渉を行い，SPCのために物件取得に必要な事務作業を行うことになります。

実務上は，外部法律事務所にSPCカウンセルとして各種契約書のレビューを依頼することになると思いますが，法務担当者として重要な業務の一つは，外部法律事務所のマネジメントになります。特に，外部法律事務所への依頼事項の確認や場合により外部法律事務所への連絡の窓口になる場合もありますし，法務部員が外部法律事務所と接点を持つことは多々ありえます。外部法律事務所のフィーの管理も法務部員の業務とされていることが一般的です。既存案件との整合性や業務の内容を踏まえ，フィーの金額についても予算管理の観点から外部法律事務所に適切な見通しを立ててもらうようにすることが求められます。案件によっては，その性質上，外部法律事務所のフィーを一定額で収めてもらうように依頼することも考えられます。このような場合には，法務担当者が主として対応することになるかと思います。

(4)　物件の期中管理

法務部担当者の立場では，期中の物件管理に関しても関与するケースがあります。具体的には，物件のリーシングに関して，賃貸借契約やその他の物件に関する契約のレビュー依頼を受ける場合があります。

また，SPCが新規に契約を締結する際には，当該契約の締結がレンダーの事前承諾が必要な事項に該当しないかなど，ファイナンスにかかる契約書類を確認して営業部門にアドバイスをするなどの業務が実務上考えられます。

さらに，案件に応じて，他部門と協働して，物件のテナントとの交渉やバックグラウンドチェックにより確認した問題点について具体的な対応を行うことも考えられます。

(5)　物件の処分，ファンドの解散・清算

物件の処分の際には，営業部門と密接に協働して進めていく必要があると思われます。具体的には，案件により外部法律事務所を起用し，売却にかかる売買契約を起案し，買主候補との間で交渉を行っていくケースが考えられます。期中管理の場合と同様に，既存のファイナンス契約書類を確認し，必要なレンダー承認手続や内部手続を把握し，関係部署に必要な指示および依頼を出すことが求められます。

 J-REITに関する業務

J-REITとは何ですか。私募ファンドとの違いは何ですか。

A

J-REITとは，投信法に基づき設立される不動産および不動産信託受益権を主な投資対象として，投資家の資金を運用する不動産投資ファンドのことをいいます。不動産私募ファンドと異なり，設立根拠法となる法律として投信法がありますので，同法に基づくさまざまな規制を受けることになります。

1．法律上の整理

REITとは，Real Estate Investment Trustの略で，投信法に基づき，投資家からの資金を元に主として不動産などの資産を保有し，運用することを目的とした法人のことです。もともと，REITの仕組みは米国で生まれたのですが，日本版のREITのことをその頭文字をとってJ-REITと呼んでいます。

投資運用業者の中には，J-REITの資産運用を受託している会社も存在します。J-REITから資産運用を受託する投資運用業者の法務担当者としては，その設立，運用等の業務についてさまざまな観点からその業務に関わっていくことになります。また，アセットマネジメント会社のコンプライアンス・オフィサーは，法令等を遵守させるための指導に関する業務を統括する者として，アセットマネジメント会社のコンプライアンス上の多くの問題に積極的に関与することが望まれます。

なお，J-REITには投資主，アセットマネジメント会社の株主などのJ-REITの関係者であるスポンサーが存在します（ただし，スポンサーは投信法上の機関ではありません）ので，J-REITとスポンサーの間の利益相反関係が生じないように慎重に検討する必要があります。J-REITは，スポンサーとの間でスポンサー契約を締結して，物件のソーシング，人材の派遣，資産の運用までサポートを受けることになりますが，現在上場しているJ-REITの執行役員の多くはスポンサー出身者であることから，J-REITにとって利益相反取引は重要な問題点であるといえます。

2．実務上の留意点

(1) J-REITのアセットマネジメント会社に必要な許認可

アセットマネジメント会社とは，投信法上，登録投資法人の委託を受けてその資産の運用にかかる業務を行う金商業者をいうものとされ，金商業者であることが前提となっています（投信法２条21項）。また，登録投資法人は，アセットマネジメント会社にその資産の運用にかかる業務を委託しなければならないとされています（同法198条）。

上記のとおり，アセットマネジメント会社がJ-REITから資産の運用の委託を受けることになりますが，J-REITは，その投資の対象が不動産であるため，J-REITのために不動産の売買をすることになり，宅地建物取引業の免許が必要となります（同法199条１号）。また，本来，不動産の売買を行うたびに，媒介契約等を締結する必要がありますが，宅建業法に基づく取引一任代理認可を受けることによって個々の媒介契約等の締結を免除されることになります（同法199条２号）。

それぞれの許認可の取得およびその更新にかかる手続については，会社により担当部署は異なりますが，法務・コンプライアンス部門がその大きな役割を担うことになりますので，必要書類の取得・作成およびスケジュールの管理等の業務を他部署と連携して行うことになります。

(2) 利益相反に関する問題

J-REITのアセットマネジメント会社においては，その意思決定プロセスにおいて注意すべき点が少なくありません。たとえば，アセットマネジメント会社の代表取締役等がJ-REITの執行役員を兼務している場合，J-REITのアセットマネジメント会社では複数のJ-REITから受託した資産運用業務相互間で利益相反のおそれがある場合やJ-REITがスポンサーから物件を取得する際の意思決定手続をどのように定めるかなどの問題点が考えられます。

上記のうち，スポンサーから物件を取得する場合で代表取締役等に会社法上の特別の利害関係があるときは，当該代表取締役等は決議の公正を担保するため，議決に加わることができない（会社法369条２項）とされています。もっとも，特別の利害関係が存在しないような場合であっても，スポンサーからの物件取得に関するアセットマネジメント会社の取締役会決議において，任意にスポンサーから派遣されている取締役等が議決から外れる等の対応をすることも実務上見受けられますので，自社および自社の所属するグループの利益相反に関するポリシーなどの状況に応じて採用を検討すべきといえます。

また，アセットマネジメント会社が複数のJ-REITから資産運用業務を受託する場合，物件取得の場面において各J-REIT間の利害対立が生じやすいため，アセットマネジメント会社内で特別の利益相反防止体制を構築することが要請されます。たとえば，資産運用を受託するJ-REITのアセット・クラスが全く競合しない場合（一方のJ-REITは住居物件をその投資対象とするもので，他方はオフィス物件を投資対象とするものであるような場合）には特に競合の問題は生じませんが，一部でも競合する場合には投資運用に関する判断が運用業務の受託先ごとに独立して行われるよう，投資運用部署や投資委員会を別個に設けることや情報管理のためのファイアーウォールを設けることなどが考えられます。また，物件取得の順序について，予め客観的・機械的に検討対象物件を割り振るいわゆるローテーションルールを設けるなど，アセット・クラスや物件規模に応じた優先劣後のルールを定める例が実務上多く見受けられます。この点については，一概にどの方法が良いというものではないため，各社の状況に応じて，個別具体的にどの方法を取るのが良いか，法務・コンプライアンス観点から検討の上ビジネス部門に助言することになると思われます。

(3)　意思決定プロセスに関する問題

J-REITのアセットマネジメント会社においては，その意思決定プロセスにおいて注意すべき点が少なくありません。たとえば，アセットマネジメント会社の代表取締役等がJ-REITの執行役員を兼務している場合，J-REITのアセットマネジメント会社では複数のJ-REITから受託した資産運用業務相互間で利益相反のおそれがある場合やJ-REITがスポンサーから物件を取得する際の意思決定手続などが考えられます。

個別具体的な問題については紙幅の問題もあり触れられませんが，上記のような場合，J-REITの意思決定プロセスが歪められないよう，法令，社内規程等の規制に基づき，適切に行われるよう法務・コンプライアンス担当者として対応をすることも多くあるかと思われます。

4．助言・代理業に関する法務・コンプライアンス

Q49 投資助言業の内容

当社は投資助言業の登録しかしていません。投資助言業の登録だけで行うことができる業務にはどのようなものがありますか。投資運用業の登録が必要になるのはどのような場合ですか。

A

投資助言業とは，投資顧問契約を締結し，それに基づいて有価証券の価値等や金融商品の価値等の分析に基づく投資判断について助言を行う業務をいい，投資者自身が最終的な投資判断を行うことを前提としています。したがって，その性質上，投資判断を投資助言業者が行うことはできず，そのためには投資運用業の登録が必要となります。また，投資助言業者が顧客に対してサービスを提供する場合には，投資判断についての助言にあたるかどうか，微妙な判断が要求されるケースもありうるため，具体的なケースに応じて個別具体的にその行為の性質から投資助言に該当するかどうか判断することが求められます。

1．法律上の整理

金商法は，当事者の一方が相手方に対して有価証券の価値等および金融商品の価値等に関し，口頭，文書（新聞，雑誌，書籍その他不特定多数の者に販売することを目的として発行されるもので，不特定多数の者により随時に購入可能なものを除きます）その他の方法により助言を行うことを約し，相手方がそれに対し報酬を支払うことを約する契約を締結し，当該契約に基づき，助言を行うことを投資助言業と規定しています（同法28条３項１号・２条８項11号）。その重要な要素としては，①有価証券の価値等および金融商品の価値等に関するものであること，②口頭，文書等の方法により助言を行うことを約すること，③相手方が報酬を支払うことを約することが挙げられます。

投資運用業との違いとしては，金商業者と顧客のうち誰が投資判断を行うのかという点が大きく異なります。すなわち，投資運用業においては，投資判断

は顧客から判断の一任を受けた投資運用業者が行うことになるのに対して，投資助言業においては，助言を受けた顧客自身が最終的な投資判断を行うことになります。この性質の違いにより，投資助言業者に対する法規制は，投資運用業者のそれよりは若干緩やかな規制となっています。

2．実務上の留意点

(1)　助言の方法

前述のとおり，投資助言業として規制される投資助言の方法は口頭，文書その他の方法によるものとされていますが，新聞，雑誌，書籍その他不特定多数の者に販売することを目的として発行されるもので，不特定多数の者により随時に購入可能なものを除くものとされています（金商法2条8項11号柱書）。

したがって，雑誌や新聞など一般の書店，売店等の店頭に陳列され，誰でも，いつでも自由に内容を見て判断できる媒体物による場合には投資助言に該当しないものとされています。ただし，インターネットなどの技術を利用して，有料会員登録しなければ情報を取得できない（単発での購入を認めない）ような方式をとる場合，投資助言業の登録が必要になりますので，サービス提供の方式について個別具体的に検討することが重要になってきます。

また，「不特定多数」の者に販売する場合には投資助言業登録が必要となるとされていますが，この「不特定」・「多数」という概念は相対的なものですので，自社のサービスの実態に即して具体的に検討する必要があります。たとえば，極めて限定された会員に配布される雑誌や有料メールマガジン等であれば，「不特定」または「多数」の要件に該当せず，投資助言業登録がなくても行えるサービスと解釈することができるケースもありえると思われます。

(2)　ソフトウェアの場合

投資分析ツール等のコンピューターソフトウェアを販売しようとする場合について投資助言業の登録が必要か問題となりえますが，ソフトウェア会社が店頭で販売する場合やオンラインで販売するような，いつでも，誰でも自由に当該ソフトウェアを購入できるような形であれば，投資助言業の登録は不要とされています。

ただし，当該ソフトウェアの使用にあたり，販売業者から継続的に投資情報にかかるデータ・その他サポート等の提供を受ける必要がある場合には登録が必要になる場合がありえます（監督指針Ⅶ-３-１参照）ので，自社のソフトウェアの利用形式がどのようなものか具体的に検討する必要があります。

(3)　ロボットアドバイザーの場合

証券会社などが，自社の顧客に適した金融商品のポートフォリオを提案するような投資助言型の機能を有するソフトウェアやサービスを提供し，顧客が提案された金融商品への投資を顧客自身で行うようなサービスを行うことを検討しているとします。投資助言業登録をしている会社であれば，仮に投資助言業登録が必要なサービスだとしても最終的には対応可能ではありますが，投資助言業登録をしていない会社だとすると，金融商品取引法違反行為になりかねません。

確かに，このようなサービスでは，顧客に対する質問への回答内容を踏まえ，アルゴリズムを利用して各サービス利用者に適した形で分散された金融商品のポートフォリオを組成して顧客に提案することになるため，前述の１の①の投資助言の要件である「有価証券の価値等および金融商品の価値等」に関する助言を提供していることになるものと思われます。そして，前述の１の②の方式についても，自社の顧客のみに対して提供するのであれば，特定の者を対象にするものとして形式上投資助言業登録が必要な要件を満たすものと思われます。

そこで，このようなサービスを有料で提供する場合には，投資助言業登録が必要な行為に該当することになります。法務担当者としては，自社のサービスがどのような内容のものなのか，具体的に把握した上でそれに対する規制の有無を検討する必要があります。

もっとも，実務上このようなサービスを証券会社などが自社の顧客に対して無償で提供していることがあります。このような会社の場合，このサービス自体からの収益を期待するのではなく，このようなサービスを利用した結果顧客が行う投資信託等の販売手数料からの収益を期待して，このようなサービス自体は無償とすることが考えられます。無償とすれば形式上は投資助言の要件から外れることになりますが，本当に無償といえるかどうかという点について，当該サービスの内容だけでなく，顧客との関係を全体的に考慮して，実質的に他の名目で報酬を受領していないかという観点から個別具体的に検討する必要があると思われます。

Q50　投資信託の販売に対する法的規制

当社は，新しく組成した投資信託を個人投資家向けに販売する予定です。投資信託の販売に対しては，どのような法的規制がかけられており，どのような役割分担がなされているのですか。

A

自ら組成した投資信託の販売活動（自己募集）をする場合，投資信託の販売には金商法の規制に加え，金販法の規制もかかります。さらに，犯収法の規制も重要です。金融商品の販売という複雑で社会的影響力ある活動に，それぞれ業規制，民事特別法，刑事特別法という役割分担をして，複合的に規制しているといえます。

１．金商法による規制

⑴　誠実・公正義務

顧客に対して誠実・公正義務を負います（金商法36条１項）。最も基本的な義務とされているところ，昨今はフィデューシャリー・デューティーに関する取組みが注目されているため，改めて意識的に留意する必要があるのではないでしょうか（Q11参照）。

⑵　適合性原則

顧客の知識，経験，財産の状況および投資目的に照らして不適当と認められる勧誘を行うことはできません（金商法40条）。適合性の原則から著しく逸脱した勧誘は，それ自体が不法行為になります（最判平17・7・14民集59巻６号1323頁）。販売の実務において最も問題となる点の一つと思われます。自社の販売マニュアルのチェック，顧客からのクレーム内容検討およびその結果の反映等，法務・コンプライアンスとしても幅広く対応する必要があるでしょう。

⑶　取引態様の事前明示義務

顧客から投資信託の注文を受けたときは，予め，自社がその相手方となって売買を成立させるか，または媒介し，取次ぎし，もしくは代理して売買を成立させるかの別を明らかにしなければなりません（金商法37条の２）。

そうしないと，金商業者が相場の動きに合わせて顧客に危険を付け替えたり，自己の利益を図ったりするおそれが出てくるためです。

⑷　契約締結前交付書面

投資信託の取引契約を締結しようとするときは，予め，契約締結書面を交付する必要があります（金商法37条の３第１項）。

投資信託の仕組みやリスクについて口頭の説明のみで理解することは一般の投資者には困難なため，投資者がこれらの内容をよく理解した上で投資することの前提として書面の交付まで要求されるものです。

注意するべきは，書面を交付すれば説明義務を果たしたことになるわけではないことです。説明義務とは別個の義務として定められているのです。

契約締結前交付書面の記載内容は詳細にわたります（業府令81条～96条）。その記載方法も，文字の大きさを12ポイント以上とすることや，記載する場所，記載態様とかなり細かく規定されています（業府令79条）。

⑸　契約締結時交付書面

投資信託の売買契約等が成立したときは，遅滞なく，契約締結時交付書面を作成し，顧客に交付しなければなりません（金商法37条の４）。

顧客が，合意どおりに契約が締結されたのか，または注文が適切に執行されたのか，顧客が遅滞なく確認することができるようにする趣旨です。

また，投資信託の場合，その解約があったときも契約締結時交付書面の交付義務が発生します（業府令98条１項１号）。金融商品取引契約の締結には該当しないものの，顧客がその内容を確認できるようにするためです。

⑹　広告等の規制

広告等を行う場合には，金商業の内容に関する事項で，顧客の判断に影響を及ぼすこととなる重要なものといった一定の事項を表示しなければなりません（金商法37条１項，業府令73条）。積極的にリスク情報を提示させるものです。反対に誇大広告等は，メリットの過剰な強調を防止するため禁止されています（金商法37条２項，業府令78条）。

⑺　禁止行為

投資者保護，取引の公正確保，金商業の信用を失わないために，以下のような禁止行為が定められています（金商法38条）。

① 投資信託取引契約の締結またはその勧誘に関して，顧客に対し虚偽のことを告げる行為（同条1号）。
② 不確実な事項について断定的判断を提供し，または確実であると誤解させるおそれのあることを告げて勧誘をする行為（同条2号）。
③ 不招請勧誘行為（同条4号）。
④ 勧誘受諾意思不確認勧誘行為（同条5号）。
⑤ 再勧誘行為（同条6号）。

(8) 特定投資家制度

ただし，プロの投資家（特定投資家）を相手とする場合は，投資家保護の要請が低くなるため，上述の規制の多くは適用除外となります。

2．金販法による規制

金商法と金販法は同じような規制をしているようにも見えますが，金商法における販売規制は違反すると行政処分となる業規制，これに対して金販法は違反すると顧客に対して損害賠償責任を負うという民事特別法といえます。

(1) 重要事項の説明義務

投資信託の販売を業として行おうとするときは，その投資信託の販売がなされるまでの間に，顧客に対し，重要事項について説明しなければなりません（金販法3条1項）。その説明は，顧客の知識，経験，財産の状況および当該投資信託の契約を締結する目的に照らして，当該顧客に理解されるために必要な方法および程度によるものでなければなりません（同条2項）。

(2) 断定的判断の提供等の禁止

投資信託の販売に係る事項について，不確実な事項について断定的判断を提供し，または確実であると誤認させるおそれのあることを告げる行為を行ってはなりません（金販法4条）。

(3) 損害賠償責任

上述の重要事項を説明しなかった場合，断定的判断の提供等を行った場合，損害賠償責任を負います（金販法5条）。元本欠損額がその顧客に生じた損害額と推定されます（同法6条）。

金販法の役割が，まさに金商業者と顧客の間の民事責任について定めるものであることが反映されているといえます。

(4)　勧誘の適正の確保と勧誘方針の策定

投資信託の販売等について勧誘をするに際し，その適正の確保に努めなければなりません（金販法8条）。

そして，業として行う投資信託の販売等について勧誘をしようとするときは，予め，勧誘方針を定める必要があります（同法9条1項）。

3．犯収法による規制

犯収法は，マネー・ローンダリングに利用されるおそれのある事業者を特定事業者として規定します。犯収法は刑事特別法という役割です。

そして，特定事業者が一定の取引を行う際に顧客等の本人特定事項を確認することと，顧客がマネー・ローンダリングを行っている疑いがあると認める場合には，疑わしい取引として届出を行うことを定めています。

投資信託の販売をする会社（銀行，証券会社，保険会社すべて含まれます）は特定事業者となり，投資信託の販売行為は特定取引に該当するため，本人確認と疑わしい取引の届出義務を負うこととなります（犯収法2条2項・4条，犯収法施行令7条1項1号リ）。

4．実務上の留意点

以上法令に基づく規制のほか，日証協や投信協会の規則や，金融庁の監督指針にも目を配る必要があります。

実務上は，判例の集積がある（つまり争いが多いといえる）適合性原則や重要事項説明に特に留意すべきでしょう。

なお，金融商品販売紛争においては金販法上の説明義務ではなく，信義則上の説明義務という概念を巡って争われることが多い点には注意が必要です。

そして，信義則上の説明義務として，特に金融商品の組成に用いられている理論・考え方，損害の程度等の説明義務があるという主張がなされることがあります。

Q51 直販業者に対する法的規制

公募投資信託は証券会社や銀行で販売されていると聞きますが，なぜですか。また，当社の運用する公募投資信託を個人投資家向けに直接販売したいのですが，直販業者に対する法的規制はどのような規制がありますか。

A

他社の募集する公募投資信託を販売する行為は，第一種金融商品取引業に該当することから，証券会社（第一種金融商品取引業者）や銀行（登録金融機関）が公募投資信託を販売するのが通常です。

第二種金融商品取引業者登録すれば自己募集は可能ですが，①商品選択肢が限定されること，②預かり金が禁止され，分別金信託として自己資金を拠出する必要があること，③証券会社や銀行などの販売会社と同様に行為規制を受けること，といった法的制約を受けることになります。

1．法律上の整理

他社の募集する公募投資信託を販売する行為は，金商法上「有価証券の売買の媒介」（同法2条8項2号）を業として行う行為ですので，第一種金融商品取引業に該当します（同法28条1項）。このため，第一種金融商品取引業を行うことのできる証券会社（第一種金融商品取引業者）や銀行（登録金融機関）が公募投資信託を販売するのが通常です。

しかし，公募投資信託を顧客（受益者）に対して直接販売（直販）することにもメリットがあることから，一部の投資信託委託会社は，第二種金融商品取引業者としての登録を行った上で，公募投資信託を顧客（受益者）に対し直接販売（直販）しています。

もっとも，直販の投資信託委託会社はあくまでも第二種金融商品取引業者であることから，①商品選択肢が限定されること，②預かり金が禁止され，分別金信託として自己資金を拠出する必要があること，③証券会社や銀行などの販売会社と同様に行為規制を受けること，といった法的制約を受けます。

2．実務上の留意点

(1)　直販のメリット・デメリット

前述のとおり，多くの投資信託委託会社では公募投資信託を証券会社や銀行などの販売会社を介して販売しています。販売会社を介した場合，販売会社の販売力や営業リソースに頼って投資信託の販売を促進することができ，従業員等の人的リソース等が比較的少ない投資信託委託会社としては，自社のリソースを販売促進よりも運用力向上に集中させることができるというメリットがあるからです。

その反面，商品開発が販売力を有する販売会社の意向に左右されがちになるのではないかとか，証券会社や銀行のグループ会社となりこれらの中核会社からの出向受入れ・人事異動が多くなる結果として運用専門の人材が育ちにくく運用の専門性を磨けないのではないかといった懸念もあります。

そうした懸念を振り払うため，一部の投資信託委託会社では公募投資信託を顧客（受益者）に対し直接販売（直販）しています。直販方式には，顧客（受益者）から運用者の顔が見える，販売会社からの独立性を確保して真に顧客本位の業務運営が可能となるといったメリットがあるといわれているところです。

ただし，直販の投資信託委託会社には，証券会社や銀行などの販売会社と比べて，法的規制からくる制約があることに留意することが必要です。

(2)　法的制約①―商品選択肢が限定されること

直販の投資信託委託会社は，第二種金融商品取引業者としての登録しかしていないのが通常です。つまり，第一種金融商品取引業者ではありません。

このため，委託者指図型投資信託の受益権に係る受益証券（金商法２条１項10号）の募集または私募（自己募集（同法２条８項７号））を業として行うことはできますが（同法28条２項），有価証券の売買の媒介，取次ぎまたは代理（同法２条８項２号）を業として行うことはできません（同法28条１項）。後者は，第一種金融商品取引業者でなければ業として行うことのできない業務であるからです。

簡単にいえば，自社の投資信託を直販することはできますが，他社の投資信託を販売することはできません。

これを顧客（受益者）の側から見れば，直販の投資信託委託会社に口座を開設しても，当該委託会社の運用する投資信託の商品は購入できますが，他の委託会社の運用する投資信託の商品は購入できない，ということになります。

証券会社（第一種金融商品取引業者）や銀行（登録金融機関）に口座を開設した場合には，さまざまな委託会社の運用する投資信託の商品を購入できることと比較すると，顧客（受益者）の利便性の観点から見て，これは大きな違いになります。特に，NISA口座やジュニアNISA口座，つみたてNISA口座は，１人で１口座しか開設することができないため，これらの口座をどこの金融機関に開設するのかによっては，商品選択肢の幅広さという点で大きな違いが出てきます。

⑶　法的制約②―預かり金禁止・分別金信託

また，金商法２条８項１号から10号に掲げる行為に関して，顧客から金銭等の預託を受ける行為（同法２条８項16号）を業として行うことも，第一種金融商品取引業登録の必要な業務とされています。このため，第一種金融商品取引業ではなく第二種金融商品取引業者である直販の投資信託委託会社は，顧客から金銭等の預託を受ける行為を業として行うことができません。ただし，金融商品取引業者等が投資信託の自己募集（同項７号）に伴い顧客から金銭を受領する行為は，第三者性がなく「金銭の預託を受けること」（同項16号）に該当しないと解されています（松尾直彦＝松本圭介編著『実務論点 金融商品取引法』（金融財政事情研究会，2008）58頁）。

さらには，直販している投資信託の買付代金の預かり分について，顧客分別金信託として，廃業等した場合に顧客に返還しなければならない額に相当する金銭を信託会社等に信託することが法令で義務付けられています（金商法43条の２，業府令142条）。そして，顧客分別金信託として拠出すべき金額には，集金代行業者に滞留している投資信託の買付代金相当額も含まれているとされています（日証協「顧客資産の分別管理Q&A〔改訂第３版〕」（平成23年２月）61頁Q97）。顧客が投資信託を毎月定期定額購入する場合には，委託会社は集金代行業者に依頼して購入代金を回収させていますが，集金代行業者は事務処理の便宜上，顧客の指定銀行口座からの毎月の定期定額購入代金引落しから投資信託委託会社の銀行口座への送金まで数営業日の日時を必要としています。このため，直販の投資信託委託会社は，このような集金代行業者に滞留している金銭に相当する金員を，自社の固有勘定から一時的に顧客分別金信託として拠出する必要があります。このことは，直販の投資信託委託会社自身の資金繰りに対し，意外と大きなインパクトを与える場合があります。

(4)　法的制約③―行為規制

なお，直販といえども，販売，勧誘行為について金商法の行為規制の対象となります。この点は，証券会社や銀行などの販売会社と同じです。

たとえば，その行う金商業の内容について広告等をするときは，①当該金商業者等の商号，名称または氏名，②金商業者等である旨および当該金商業者等の登録番号，③当該金商業者等の行う金商業の内容に関する事項であって，顧客の判断に影響を及ぼすこととなる重要なものとして政令で定めるものを表示しなければなりません（金商法37条１項，同法施行令16条１項，業府令76条）。

その他，販売，勧誘行為について金商法の行為規制については，Q27をご参照ください。

5．監督・検査・監査等への対応

Q52　投資運用業者に対する監督・検査・監査等

投資運用業者として，当局や自主規制機関による監督，検査または調査等にかかる対応を検討することになりました。投資運用業者に対する監督・検査・監査等は，どのようなものがあり，それぞれ誰がどのようなことを行うのですか。

A

投資運用業者を監督するのは，金融庁監督局証券課および地方財務局の担当課であり，行政検査は，証券取引等監視委員会および各地方財務局の検査担当部局が行います。行政検査の過程で，刑事罰に至る可能性があった場合には，証券取引等監視委員会の特別調査課による調査が行われることもあります。

また，日本投資顧問業協会および投資信託協会は，会員規則に従い会員に対する調査・監査を行います。

監査としては，財務会計監査のほか，GIPS検証および3402検証等の業務に関する外部検証があり，日本においては主として大手監査法人がこれらのサービスを提供しています。

外国ファンドを運用している場合には，当該ファンドに対する会計監査の際に，監査人等に対して一定の事項について表明・保証するレターの提出を求められることがあります。

1．法律上の整理

監督官庁の監督権限は，法律に根拠規定があります。たとえば，金商法は，56条の2第1項において，報告の徴取および検査に関する権限を定めています。この権限は，同法194条の7第1項において，金融庁長官に委任されており，さらに同条2項1号において証券取引等監視委員会に委任されています。したがって，同法56条の2第1項に定める報告徴取および検査は証券取引等監視委員会が行うことになります。また，同法194条の7第2項ただし書は，「ただし，報告又は資料の提出を命ずる権限は，金融庁長官が自ら行うことを妨げない。」としていますので，金融庁が報告徴取命令を発することができます。権限の委任関係は非常に複雑であり，本稿では例示にとどめますが，より詳細を知りたい場合には，証券取引等監視委員会のウェブサイトに概要が掲載されています。こちらを参照することが簡便な方法になります。

証券取引等監視委員会は，自らの業務についてオンサイト・モニタリングとオフサイト・モニタリングという用語を用いていますが，オンサイト・モニタリングはいわゆる立ち入り検査を指し，オフサイト・モニタリングは，立ち入り検査以外で証券取引等監視委員会等が金商業者等に対して行う報告徴取，ヒアリング，関係先等との意見交換を通じた情報収集等を幅広く行うことを意味しています。立ち入り検査では，法令違反の有無と内部管理体制の不備が主に問われるポイントになります。後者については，問題が顕在化していないものの，業務運営態勢等について改善が必要と認められた場合には，検査終了通知書等に「留意すべき事項」として記載して，証券取引等監視委員会の問題意識をモニタリング先と共有し，内部管理態勢の構築等を促すことも行われています。

自主規制機関の検査・調査権限は内部規則にその根拠があります。たとえば，投資信託協会は，「会員調査に関する規則」に基づき調査を行い，その結果を公表しています。また，日本投資顧問業協会は，「業務規程」に会員調査等に関する規定を定めています。

自主規制基準のうち重要なものとして，グローバル投資パフォーマンス基準（Global Investment Performance Standards）があります。略称として，GIPSと呼ばれますが，これは，アセットマネジメント会社による投資パフォーマンスの公正な表示と完全な開示のための自主規制基準です。GIPS基準の日本語版は日本証券アナリスト協会が公表しています。日本では，大手監査法人等がGIPS基準に準拠しているかを検証するサービスを提供しています。また，外資系の投資運用業者の場合は，本社がGIPS検証を第三者に依頼する際に，日本法人の準拠状況についても対象とする場合もあるでしょう。GIPS基準の検証を受けている場合には，業府令96条１項６号に基づき，検証業務を行った者の氏名または名称ならびに当該外部監査の対象および結果の概要を記載することになります。また，運用報告書においても，業府令134条1項11号に基づき，当該外部監査を行った者の氏名または名称ならびに当該外部監査の対象および結果の概要を記載することになります。

また，資産運用受託業務の内部統制の状況を第三者機関が検証するサービスがあります。こちらも，日本では大手監査法人が日本公認会計士協会の保証業務実務指針3402「受託業務に係る内部統制の保証報告書に関する実務指針」（旧監査・保証実務委員会実務指針第86号「受託業務に係る内部統制の保証報告書」）に基づき保証業務として提供しています。報告書には，特定時点の評価であるタイプ1報告書と，特定期間の評価であるタイプ2報告書がありますが，年金基金等が求めるのは後者になります。新規にこのサービスを受けようとする場合，タイプ1報告書を得ずにタイプ2報告書を取得することはできません。タイプ2報告書は一定期間に関する報告書ですので，取得にあたっては相当の期間が必要となることに留意が必要です。この内部統制に関する検証を受けている場合にも，GIPS検証と同様に契約締結前交付書面や運用報告書に記載事項を記載することになります。

財務諸表監査は，一般的には，有価証券報告書の提出会社を対象とした金商法に基づく監査と，会社法436条2項1号に基づく会計監査人による監査があります。そのほかに，任意で外部監査法人に財務諸表監査を依頼することもあります。

さらに，外国ファンドを運用している場合には，外国ファンド年次会計監査の際に，監査人に対して一定の事項を表明・保証することを求められることが一般的です。求められる事項はガイドライン違反の有無にとどまらず，法令違反の有無や監督当局からの指摘の有無等多岐にわたります。

2．実務上の留意点

(1)　一般的な検査対策

投資運用業者が遵守しなければならない事項は多岐にわたりますので，法定帳簿や届出義務等に漏れがないように外部法律事務所の助力を得てリストを作成することが望ましいと思われます。なかでも，外資系の投資運用業者の場合等，取締役に海外居住者が含まれる場合には，兼職状況の把握はなかなか難しいのが実情と思われますが，本人やそのアシスタントの助力を得て届出漏れがないようにすることが望ましいと思われます。

⑵　任意の協力の依頼

上記に掲載した法律上の根拠に基づく権限の行使の場合のほか，行政当局はオフサイト・モニタリングの一環として任意のヒアリングを行うことがあります。顧客との契約においては，権限の行使に基づく情報の提供は守秘義務の除外としていることが一般的であると思われますが，そのような任意のヒアリングに応じて守秘義務の対象となるような情報を当局に提出する場合，任意のヒアリングが守秘義務の対象外になっているか確認をする必要があります。また，その状況を念頭に置いて守秘義務条項を作成することが望ましいでしょう。

⑶　報告徴取命令への対応

報告徴取命令に対応する場合には，当局に報告する内容に不正確な点がないか確認することが肝要です。また，このような行政権限の行使手続は，金商法のみではなく，行政手続法等の行政法規に基づいて運用されます。仮に当局と争うことになった場合には，金商法の実質的な解釈のほか，行政法規が定める適正手続が履行されているかという点も問題になりえます。

⑷　協会検査の留意点

投資信託協会の検査は，会員調査に関する規則の４条に定められるとおり，その範囲が正会員の業務運営全般となっています。したがって，金融商品取引法に基づく行政検査に比べて対象が広範になっている点に留意が必要です。また，日本投資顧問業協会の調査は，業務規程４条に定められるとおり，調査の対象として取引の信義則の遵守の状況が掲げられているのが特徴的です。なお，信義則が問題になるのは，一般的には顧客から苦情があった場合等，限定的な状況においてであると思われます。

⑸　外部監査

GIPS検証や3402検証のような内部統制監査は，金融機関や大手の年金基金から運用を受託する場合には必須のものであると考えられます。また，上記のとおり法定書面の記載事項でもありますし，監査人側は，当該記載を行うにあたり，一定のディスクレーマー表記を求めることが一般的ですので，報告書が出るタイミングで，法定書面の記載内容を変更する必要がないかは確認するようにしましょう。

(6)　ファンド監査への対応

外国ファンドの監査人から表明・保証を求められる事項は多岐にわたりますが，その内容を検証し，アセットマネジメント会社が行うべき表明・保証事項なのか，十分な留保がなされているか等慎重にレビューするようにしましょう。

COLUMN 4

東証って何をしている会社？

東証はその知名度に比して，具体的な業務の内容はあまり知られていません。報道等で目にする株価情報が表示された円状の電光掲示板（「チッカー」と呼ばれています）が一番有名かもしれませんが，チッカーの管理以外にもさまざまな業務を行っています。

東証は，2013年１月に旧大阪証券取引所と経営統合し，その持株会社として日本取引所グループ（JPX，Q8参照）が発足し，同時に東証一部市場に上場しました（自身が運営する市場に上場するという点で利益相反の関係に立つことから，上場することについて内閣総理大臣の承認（金商法124条）を得ています）。JPXグループは，主に，①売買取引手数料，②清算・決済手数料，③上場会社からの手数料，④情報サービス料を収入源とし，現物・デリバティブ取引の高速取引（HFT，Q25参照）にも対応した売買システムや清算システムの開発・運用（①②），上場制度の運営（③），東証株価指数（TOPIX）の算出や相場情報等の情報配信（④）等の業務を行っています。特に取引の完全電子化以降，システム関連投資は増加傾向にあり，現在はシステム関連費用および減価償却費等（2018年度で約235億円）が営業費用の半分弱を占めるなど，システム会社としての一面も有しています。さらに，傘下の日本取引所自主規制法人において，上場申請に対して審査を行う上場審査，上場廃止や特設注意市場銘柄の指定等の審査を行う上場管理，取引参加者資格の審査等を行う考査，インサイダー取引等不公正取引の監視を行う売買審査等の業務を行っています。

上記以外にもJPXグループは投資家層の裾野拡大に向けた取組み等さまざまな業務を行っていますが，直近の課題である上場市場区分の見直しや金融商品に加えコモディティ商品を扱う総合取引所化への取組みを通じて，日本の証券市場の発展に尽力しています。

Q53　監督官庁による検査

証券取引等監視委員会の担当官から連絡があり，近日中に同委員会の検査官が当社を訪問することになりました。検査を受けるにあたって注意すべきことはありますか。

A

金商業者は，証券取引等監視委員会の証券モニタリングとしてオンサイト・モニタリングとしての検査（以下「検査」といいます）を受けることがありえます。検査を受ける際には，適切な対応を取れるように日頃から準備をしておく必要があります。準備には，事前に必要書類の準備をすることや検査官と経営陣との意見交換の機会などに備えて経営陣への適切な研修の実施などが考えられます。

1．法律上の整理

Q52でも述べたとおり，金商業者としての投資運用業者は，金商法の規定（同法51条以下）に従い，監督官庁の監督下にあります。金商法上は，内閣総理大臣が報告徴求および検査を行うことができるものとされています（同法56条の2第1項）が，その権限は金融庁長官に委任されています（同法194条の7）。実務的には，証券取引等監視委員会が内閣総理大臣（金融庁長官）に対して，適切な措置もしくは施策を求めること，または監督部局に対して必要な情報を提供するなどの措置を講ずることを通じて，投資者が安心して投資を行える環境を保つことを目的として，証券モニタリングを行っています。

証券モニタリングには，オンサイト・モニタリングとオフサイト・モニタリングがあり，その基本方針が「証券モニタリングに関する基本方針」（以下「証券モニタリング基本方針」といいます）として定められ，定期的に改正されています。証券モニタリング基本方針の内容は公表されており，証券取引等監視委員会のウェブサイトで確認することができます。いつ金商業者がオンサイト・モニタリングの検査対象になるかは予測不可能ですが，法務・コンプライアンス担当者としては，自社がいつ検査の対象になってもいいように必要な準備をしておく必要があります。最新の証券モニタリング基本方針（令和元年5月版）では，業態，規模，その他の特性など，検査対象先に関する情報などを総合的に勘案の上，検査対象先をリスク・ベースで選定するものとされています。

オンサイト・モニタリングとしての検査の方式は，原則無予告検査とするものとされていますが，ケースによっては，必要に応じて予告検査とするものとされています。予告がある場合，臨店検査着手日の概ね1週間前から2週間前に電話連絡するものとされています。この検査予告の電話連絡が来た場合，法務・コンプライアンス部門担当者としては，その後の臨店検査に備えて必要な準備をすることになると思われます。もっとも，日頃から証券取引等監視委員会の検査がいつ始まってもいいように検査に備えておけば，検査予告後に慌てて準備をしなくても済むでしょう。

2．実務上の留意点

(1)　開示書類の準備

検査官は，臨店検査の着手時において，検査対象先の責任者に対して検査命令書および検査証票を提示するものとされていますので，法務・コンプライアンス担当者としては，検査対象先の責任者として，検査官からこれらの提示を受け，まずは検査官からの説明を聞くことになると思われます。その際には，必要な提出資料の提示を受けることになっていますので，リストを受け取り，必要な書類の提出を準備することになります。

もっとも，業者の準備の便宜のため，証券モニタリング基本方針の別紙様式において，臨店当初に依頼されることになる標準的な資料が提出資料一覧として例示されています。投資運用業者（投資法人のアセットマネジメント会社を除く）を一例とすると，会社案内等の一般資料，取締役会資料・議事録等の会議録資料，法定帳簿およびその一覧表，重要使用人一覧表などの内部管理関係書類，投資一任契約の一覧などのファンド関係書類，システム関係書類，事業報告書などの財産経理関係書類の準備が標準的な資料として要請されています。そのため，臨店検査に備え，これらの資料をすぐに開示可能な状態（紙媒体および電子媒体の両方を準備しておくのが望ましいでしょう）で保管しておくことが臨店検査の準備として重要な準備になると思われます。

(2)　親会社との守秘義務契約の締結等

検査の予告を受けたことや検査の内容については，自社内だけでなく，内部管理の目的で，親会社や関係会社に報告する場合が考えられます。特に，外資系アセットマネジメント会社では，検査の内容および結果を本国の親会社の法務・コンプライアンス部門に報告することが求められるのが通常だと思われます。

しかし，証券モニタリング基本方針においては，検査中の検査官からの質問，指摘，要請その他検査官と検査対象先の役職員等とのやりとりの内容および検査終了通知書（以下「検査関係情報」といいます）について，検査対象先が第三者に開示することは検査官の承諾事項とされており，検査対象先が親会社等に検査関係情報を報告するために開示することもこれに当たるものとされています。そのため，法務・コンプライアンス担当者としては，親会社等に検査情報を開示するために，検査官に対して検査関係情報開示承諾申請書を速やかに提出する必要があります。また，証券モニタリング基本方針に添付されている検査関係情報開示承諾申請書の様式（別紙様式３－１）においては，「開示対象者による情報流出を防止する措置の内容」として，開示対象者との間で締結されている守秘義務契約の写しを添付することなどが求められているため，事前に親会社等との間で守秘義務契約を締結しておかないと，親会社等へのスムーズな報告ができないことになってしまいます。検査官は，当該開示承諾の申請について，開示の必要性，開示対象者における保秘義務の状況（守秘義務契約の締結等），検査の実効性への影響等を考慮して決するものとされています。

(3)　経営陣の準備

証券取引等監視委員会の検査官は，臨店検査初日に経営陣と意見交換を行い，経営陣の内部管理やリスク管理に対する認識等の把握に努めるため，法務・コンプライアンス担当者としては，日頃から経営陣との間で密に連絡を取り合い，リスク管理をしっかりしておくことが重要だと思われます。特に，臨店検査が行われる場合に備えて，経営陣が常に高いコンプライアンス意識を持って，コンプライアンスを企業の重要課題と認識していることが重要だと思われますので，法務・コンプライアンス部門担当者としては，日頃から経営陣との間でコンプライアンスに関する密なコミュニケーションを取っておくことが重要だと思われます。

(4)　検査忌避等にならないように気を付けるべき点

検査予告を受けてから，書類や電子メールの廃棄を行ったような場合には，検査忌避行為とみなされる可能性もありえるので，法務・コンプライアンス担当者としては，役職員が書類および電子メールの削除を行わないようにきちんと指導しておく必要があります。

また，検査官が臨店検査に来た際に，オフィスへの入場が速やかに行えるように受付担当者や警備担当者に事前に来社の予定を伝えておき，スムーズにオフィスに入れるように事前の手配をしておく必要があります。臨店検査に来られた際に検査官がオフィス内に入れないような事態が生じると，場合によっては検査忌避と判断されてしまう可能性もありえるため，事前に社内関係各所に連絡しておくことが重要だと思われます。

6．新案件，新スキームの検討

Q54　新案件，新スキームの検討，そしてこれからの対応

アセットマネジメント会社において，新案件，新スキームを検討する場合，法務部門やコンプライアンス部門はどのように関与するのですか。また，そもそもアセットマネジメント・ビジネスをこれからも発展させていくために，新商品に対してどのような姿勢で対応していけばよいのでしょうか。

A

アセットマネジメント会社においても証券会社における新商品の検討と同じく，法務，コンプライアンス担当部署を含めたリスク管理部門全体で関与していきます。そして各リスクに応じた，契約法的な問題や業法的な問題を検討していくこととなります。

今後の対応については，顧客のニーズや利益に真にかなう新サービスの提供に向けて，フィデューシャリー・デューティーを踏まえた新商品・新サービスの開発，運用を行っていくことが必要になると考えられます。

1．新案件，新スキームの検討

(1)　社会のニーズの高まり

人生100年時代といわれ，少子高齢化社会を迎えています。公的年金に頼り切ることは困難です。また低金利のなか，銀行預金の利息だけで資産を増やすことは到底できません。場合によっては，マイナス金利で資産の目減りさえ想定されます。個人，また個人の所属する企業の年金いずれも資産運用のニーズが高まっています。アセットマネジメントの世界でも，新案件，新スキーム，新商品，新サービスの検討がこれまで以上に求められてきています。

(2)　リスク管理体制

①　概　　要

金商業者においては普段の業務からリスク管理体制が敷かれています。新案

件，新スキームも同様にこのリスク管理体制で臨むことになります。つまり，法務，コンプライアンス担当部署を含めたリスク管理部門全体で関与していきます（監督指針，金融商品取引業者等検査マニュアル）。証券会社における新商品の検証と同じです（Q37参照）。

たとえば，市場リスク，法務リスク，運用リスク，事務リスク，システムリスク，レピュテーショナルリスク，情報漏えいリスク等を管理すべきリスク項目とし，市場リスクは市場部門，法務リスクは法務部門，運用リスクは運用部門，法令遵守リスクはコンプライアンス部門というように所管部門がリスクの洗い出しを行います。

その洗い出しを受けて，新案件を担当するフロント部門が対応を定め（場合によっては対応についてリスク管理部門に相談し），新しいサービス，商品を開始することになります。

会社によっては，新商品委員会といった会議体において各リスク所管部門が意見を提出することもあります。このメリットは，各部門がそれぞれの担当リスクに特化してしまわず，他の部門が出したリスク所見も相互に把握することによって，統合的なリスク管理がしやすいことです。

②　実務上の留意点

実務的には，このように大規模になってくると煩雑になって業務が回らないとか，会議体が形式的になってしまうことに留意すべきです。というのは，慎重な新案件担当者は，会議体においてスムーズに事を動かすため，事前に根回しのために各部門に個別意見交換会のようなものを設定しがちです。全案件でこれをやっていると時間がいくらあっても足りないことになりますし，ここまでやってもらった以上，実際の会議体の場では意見をいわないほうがよいなどと忖度してしまってリスク洗い出しの効果が減じてしまう可能性があるからです。

(3)　法務とコンプライアンスの関与

①　法務リスク管理

法務リスクは，一般的に不適切な契約締結や，業法等法令の誤った解釈により，自社が不測の損失を被る結果となるおそれのあるリスクをいいます。

法務・コンプライアンス部門が一体となっている会社では，かかるリスクを丸ごと一部署で見るでしょうし，法務とコンプライアンスが分かれている会社では，その会社の仕切りに応じて，一方が見るのか，両方がそれぞれの視点で見るか，また別のやり方もあるでしょう（Q3参照）。あえていうなら一般的にはコンプライアンスはブレーキ的役割（法令遵守の絶対的確保がメイン），法務はアクセル的役割（法令上認められる自社の利益の追求が着眼点となる）ことが多いと思います。

② 実務上の留意点

どのような新案件が来てもいつでも適切なリスク管理ができることが望ましいですが，困難なこともあるかもしれません。実務的には，新案件の正式な検討依頼を受けた際に一度に対応しようとするのではなく，日常の業務遂行の一環での法律相談，契約書等のリーガル・チェック等の際から常にアンテナを立てておいて，どうも何か動きがあるということであれば，フロントとも積極的にコミュニケーションを図るべきでしょう。フロントとも協議の上，当該商品・サービスの確度によっては，先を見越して（フォワードルッキングで）外部弁護士の意見書を取りに行くといった対応を心がけておけば，時間的にも余裕が生まれます。

業法その他関連法令の制定や改廃動向については，常日頃からリーガルニュース等で情報発信し，社内研修でも取り上げておけば，フロントから何らかの反応があることも多いです。それをきっかけに対応ができることもあるでしょう（Q34参照）。

2．これからの対応

(1) アセットマネジメント・ビジネスには追い風的な時代状況

老後資金のために資産運用が必要という認識は少しずつですが広まってきています。これまで，いくら「貯蓄から投資へ」と掛け声が掛けられても目立った動きはありませんでした。しかし，昨今，NISA，つみたてNISA，確定拠出型年金（DC，iDeCo）といった新しい制度が導入され，現物株を証券会社の口座で売買するという形ではなくても，個人が株式，投信で直接資産を運用する場面が増えました。

今後は，個人資産管理に目を向けて，たとえばこれまで巨大な企業年金に対して資産運用商品，サービスを提供していた会社も，厚生年金基金の解散等を受けて個人向けの商品やサービスに参入，拡大していくといったことも多くなることも考えられます。法務・コンプライアンスの担当者が新案件，新サービスを検討することも増えていくと思われます。

(2)　顧客のニーズや利益に真にかなう新サービスの提供のために

わが国におけるアセットマネジメント会社の特徴として，証券会社を含めた大手金融機関グループを親会社として持つことが多いことが挙げられます。

このことは人材配置や商品開発，そして販売戦略にとってメリットがある部分も大きいと思われます。しかし，そのような構造のために，アセットマネジメント会社の独立性がないのが問題ではないかと指摘されるに至っています。親会社の戦略に沿っているため，真に顧客のニーズや利益にかなっていないというのです。たとえば，個人向け投信の手数料が米欧に比べて割高になっているのも，販売ラインの意向があって，そこから独立していない運用会社として何もいえていないからというわけです。

わが国でも近年はユニークな投資手法により話題となって，運用資産残高を増やしている独立系アセットマネジメント会社も出てきました。

法務やコンプライアンスといった一部門の一担当者がすぐにどこまでできるか難しいところもありますが，フィデューシャリー・デューティーが注目されるなか，わが国の構造上問題となっているところを念頭に置きつつ，普段の業務にあたる必要があるかもしれません（Q11参照）。

また金融庁の「顧客本位の業務運営に関する原則」は，「利益相反の適切な管理」を原則の１つとして挙げています。アセットマネジメント会社の役員が，親会社の役員からの出向であることも多いと思われます。法務・コンプライアンス部門としては，経営陣の利益相反の管理にも意を用いるべきと思われます（Q2参照）。

7. 他国のチームとの対応

Q55 他国のチームとの対応

アセットマネジメント会社において，どのような場合に他国のチームとともに対応することが必要になるのですか。

A

大きく分けると，①外国の会社の運用機能を国内の投資家に提供する場合と，②国内の運用機能を外国の投資家に提供する場合に他国のチームとの対応が必要になります。国内の投資家の資金を外国において運用する場合には，①外国のアセットマネジメント会社が運用する外国ファンドを投資対象とする場合と，②運用を外国のアセットマネジメント会社に委託する場合があります。また，外国ファンドの運用会社として，国内のアセットマネジメント会社が国外に対して運用サービスを提供する場合もあります。

当然のことですが，国によって規制が異なるので，日本の法令のみでなく，関係国の法令を遵守するように注意を払う必要があります。また，関係国の法令では許されている行為が，日本の法令では禁止されている場合もありますので，注意が必要です。複数の国・地域において法令を遵守するためには，他国のチームとの対応が必須となります。

1. 法律上の整理

金商法は，日本において投資運用業登録をもたない外国のアセットマネジメント会社に対して運用権限を委託することを許容しています（同法42条の3および同法施行令16条の12)。外国の会社の運用機能を国内の投資家に提供する場合，当該規定に基づいて，国内のアセットマネジメント会社は，外国のアセットマネジメント会社に対して運用権限の委託を行うことがあります。この場合，委託先の外国のアセットマネジメント会社は，許認可を取得している国の法令のみならず，適用がある日本の法令を遵守する必要があります。したがって，金商法に列挙されている各種禁止行為は，仮にそれが許認可を取得している国の法令において許容されている場合であっても，禁止行為として行ってはならない行為になります（同法42条の3第3項）。この委託スキームは，日本のアセットマネジメント会社が投資一任口座を運用する場合のほか，投資信託委託会社として国内籍投資信託の運用を行う場合にも用いられます。投信委託会社が運用権限の委託を行う場合には，金商法に加えて，投信法を遵守する必要があります。

また，日本のアセットマネジメント会社がその運用資産に海外ファンドを組み入れる場合も，他国のチームとの協働が必要になります。このスキームの場合，海外との関係性は一見希薄なようにも思えますが，そうではありません。たとえば，投資一任口座に外国ファンドを組み入れる場合には，基準価格や監査報告書についての金商法の規制（業府令130条1項15号）がありますし，国内籍投資信託に外国ファンドを組み入れる場合，投信法に定められている組み入れ資産に関する規制を遵守しなければなりません。さらに，組み入れる外国ファンドは，一般社団法人投資信託協会の規則が定める基準に適合したものでなければなりませんし，国内籍投資信託が公募の場合には，詳細な組み入れ要件が課されています。

さらに，外国のファンドに日本株や円建債券等の運用サービスを提供するにあたっては，日本のアセットマネジメント会社が外国のファンドの運用会社となる場合もあります。また，最終投資家が国内投資家であっても，デリバティブ取引を多用する運用戦略の場合には外国のファンドを用いる場合が多いようです。この場合，日本のアセットマネジメント会社は，日本の法令のみならず，当該外国ファンドに適用がある外国法令（たとえばAML規制等がありえます）を遵守しなければなりません。

他国のチームとの対応は，規制法に関してのみではありません。海外に対する投資および海外からの投資については，適用される可能性のある課税制度について検討しなければならないケースが多いことにも留意が必要です。この点については，租税を所管している他国のチームとの対応が必要になります。

2．実務上の留意点

⑴ 規制法の理解を前提としたドキュメンテーションレビュー

上記のような事例において，他国のチームと対応する際に必要となるのは，日本法の理解を前提とした契約書の作成と，組み入れ対象となるファンドの目論見書等のレビューです。新規設定ファンドの場合には，ファンドの目論見書等に日本法の観点から必要な修正を加える必要がありますし，既存ファンドの場合には，追加的な手当てが必要になるか，原書面作成後の法改正等がないかを確認することになります。

⑵ 日本の規制と類似の概念が存在する場合

許認可の根拠法令やガイドライン等に基づいた広範な監督を受けるのがアセットマネジメント会社です。当該監督の根拠となる法令・ガイドラインには，各国の事情に応じてさまざまな規制が定められています。

法令・ガイドラインの中には利益相反行為禁止といった共通の概念がある場合も多くあります。その概念の下で，日本における自己取引の禁止や運用財産相互間取引の禁止といった禁止行為と類似の規制が，適用ある他国の法令等で定められている場合，外国のチームの理解も得られやすいことでしょう。この場合，運用上の制約を勘案の上，広めの制約をかけるというのが解決策の一つとしてありえます。他方で，例外的な許容要件を定めて規制に遵守する場合には注意が必要です。ある国では単純な顧客同意があれば可能な行為であっても，日本では同意の要件が定められている場合があります。

⑶ 日本の規制と類似の概念が存在しない場合

他方で，各国の規制はそれぞれの事情や歴史に応じて異なる点も多くあります。たとえば，損失補塡・特別の利益の提供の禁止に関する規制は日本のアセットマネジメント会社が費用の支出や損害の賠償等を行う場合には必ず考慮しなければならない規制です。しかし，他国のチームにこの規制のことを伝えても容易に理解が得られる場合は少ないのではないでしょうか。アセットマネジメント会社に過失があったといえない状況において，アセットマネジメント会社が運用資産に生じた損失（費用を含む）を負担することは，日本の法務・コンプライアンス実務担当者の感覚からすれば慎重な考慮が必要になりますが，そういった感覚は海外の担当者が同様に持ち合わせているものではないと考えたほうがよいと思われます。典型的には，アセットマネジメント会社の過失によらずに生じたオーバードラフトチャージ等の負担の可否がありえるでしょう。また，損害を賠償するに際しても，何を塡補すべき損害と捉えるかはいろいろな考え方がありえます。この点については，自社の前例を踏まえて，他国の担当者と目線が合わないことを前提として慎重な説明を心がけるべきだと考えます。いずれにしても，日本の規制を知らないで補塡してしまった，または費用を支払ってしまったという事例が起きることは避けなければなりません。

(4)　言語の壁をいかに超えるか

他国のチームとの対応が必要になる場合において，考慮が必要なのは直接的な規制に関するもののみではありません。たとえば，顧客から運用ガイドラインに関して，金商法２条２項有価証券の投資を禁止したいという希望があった場合にどのように対応するべきでしょうか。他国のチームに「日本の金商法第２条第２項で定義される有価証券は組み入れ禁止」とそのまま横流し的に伝えても，決して問題の解決にはならないでしょう。ここで法務・コンプライアンス担当者に必要とされる仕事は，まず，顧客はその指定によって何を得たいのか確認し，自ら理解した上で，想定される投資戦略の中で一体どのような投資対象についてどのような禁止事項を入れれば顧客の意図が達成されるか，運用チームも含めて協議することです。そのような協議を経て初めて実際に機能する投資ガイドラインが作られることになります。

また，日本人がある言葉で表現したい事例と，海外の相手がその言葉によって受ける理解が一致するとは限りません。他国のチームとの間のコミュニケーションにおいては，言葉のみの説明ではなく，表や図を用いて説明する等，お互いが共通認識に立っているかを折に触れて確認することが円滑に仕事を進める上で重要なポイントになると思われます。

索　引

英字

あ行

か行

さ行

た行

な行

は行

ま行

や行

ら行

わ行

《監修者紹介》

日本組織内弁護士協会（JILA）

Japan In-House Lawyers Association

日本組織内弁護士協会（JILA）は，組織内弁護士およびその経験者によって2001年８月１日に創立された任意団体。組織内弁護士の現状について調査研究を行うと共に，組織内弁護士の普及促進のためのさまざまな活動を行うことにより，社会正義の実現と社会全体の利益の増進に寄与すること，および会員相互の親睦を図ることを目的としている。

現在の会員数は1,616名（2019年５月17日時点）。全会員向けのセミナーやシンポジウムの開催，会報誌や専門書の発行，各種政策提言などを行っている。また，全会員が所属する業種別の10の部会，任意参加の11の研究会，関西支部，東海支部，中国四国支部，九州支部の４つの支部などを通じて，多様な活動を展開している。

主な監修・編集書籍に，『公務員弁護士のすべて』（第一法規，2018），『事例でわかる問題社員への対応アドバイス』（新日本法規出版，2013），『契約用語使い分け辞典』（新日本法規出版，2011），『最新 金融商品取引法ガイドブック』（新日本法規出版，2009），『インハウスローヤーの時代』（日本評論社，2004）がある。

《編者紹介》

榊　哲道（さかき　てつみち）

JILA第２部会所属
PGIMリアルエステート・ジャパン株式会社　弁護士・ニューヨーク州弁護士
2007年　弁護士登録
　　　　ホワイト＆ケース法律事務所入所
2015年　ニューヨーク州弁護士登録
2017年　PGIMリアルエステート・ジャパン株式会社入社
＜主要著作＞
『TK-GKストラクチャーによる不動産SPCの法務・税務Q&A』（共著，税務経理協会，2014）

《著者紹介》

岡田　孝介（おかだ　こうすけ）

JILA第５部会所属
株式会社タムロン　法務・知的財産室副室長　弁護士
1999年　信託銀行入社
2013年　弁護士登録
2019年　株式会社タムロン入社
＜主要著作＞
『詳解信託判例』（共著，きんざい，2014）

「信託判例と実務対応(6)　債権譲渡が訴訟信託に該当するものとされた事例［東京地裁平成26.9.30判決］」信託フォーラム８号
『銀行員のためのトラブル相談ハンドブック』（共著，新日本法規出版，2017）
『金融機関の法務対策5000講　Ⅱ巻』（共著，金融財政事情研究会，2018）
『IPO実務検定公式テキスト〔第５版〕』（共著，中央経済社，2015）
『基礎から学ぶ株式実務〔全訂第２版〕』（共著，商事法務，2010）

斉藤　真琴（さいとう　まこと）

JILA第２部会所属
ナットウェスト・マーケッツ証券会社法務部長　弁護士・ニューヨーク州弁護士
2001年　弁護士登録（アンダーソン・毛利・友常法律事務所）
2007年　ニューヨーク州弁護士登録
2009年　米国系証券会社（東京）法務部入社
2013年　同社ニューヨーク本店にて勤務開始（グローバル担当）
2015年　同社香港支店にて勤務開始（アジア担当）
2018年　ナットウェスト・マーケッツ証券株式会社入社
＜主要著作＞
『米国会社法』（有斐閣，2009）（編集主幹として関与）

佐藤　尋亮（さとう　ひろあき）

JILA第２部会所属
PGIMジャパン株式会社法務部　弁護士
2007年　弁護士登録
　　　　長島・大野・常松法律事務所入所
2012年～2013年　証券取引等監視委員会事務局証券検査課出向
2014年　再登録
2016年　PGIMジャパン株式会社入社

清水　奈々（しみず　なな）

JILA第２部会所属
フードサービス企業　弁護士
2002年　弁護士登録
　　　　三宅坂総合法律事務所入所
2015年　三菱UFJモルガン・スタンレー証券株式会社入社（～2019年３月）
＜主要著作＞
『Q&A新会社法の要点』（共著，新日本法規出版，2005）
『新会社法A2Z非公開会社の実務』（共著，第一法規，2006〔加除式〕）
『会社法関係法務省令逐条実務詳解』（共著，清文社，2016）
『SCOマスター講座４　金融商品販売・保険取引，経営支援とコンプライアンス』（共著，銀行研修社，2012）

鳥越　雅文（とりごえ　まさふみ）

JILA第２部会所属
レオス・キャピタルワークス株式会社コンプライアンス部　弁護士
1999年　三菱信託銀行株式会社（現　三菱UFJ信託銀行株式会社）入社（～2004年）
2002年　日本マスタートラスト信託銀行株式会社出向
2004年　最高裁判所司法研修所入所
2005年　弁護士登録，柳田野村法律事務所（現　柳田国際法律事務所および野村綜合法律事務所）入所（～2012年）
2009年　株式会社大和証券グループ本社および大和証券株式会社出向
2012年　日本郵政株式会社入社
2016年　株式会社ゆうちょ銀行出向
2017年　レオス・キャピタルワークス株式会社入社
＜主要著作＞
「６月総会目前！　最終点検 総会当日の決議取消事由」ビジネス法務2009年７月号（共著）
『契約用語 使い分け辞典』（共著，新日本法規出版，2011）
『業界別・場面別 役員が知っておきたい法的責任』（共著，経済法令研究会，2014）
『アウトライン会社法』（共著，清文社，2014）
『経済刑事裁判例に学ぶ 不正予防・対応策』（共著，経済法令研究会，2015）
「社内弁護士のシゴト場　（第６回）企業情報の開示」ビジネス法務2015年4月号（共著）
『法務の技法【OJT編】』（共著，中央経済社，2017）

中嶋　康晴（なかじま　やすはる）

野村證券株式会社　法務部
2009年　司法研修所卒業
　　　　野村證券株式会社入社

西原　一幸（にしはら　かずゆき）

JILA第２部会所属
金融機関法務部　弁護士・ニューヨーク州弁護士
2006年　弁護士登録
　　　　シティユーワ法律事務所勤務（～2016年）
2010年　金融庁総務企画局市場課勤務（～2012年）
2013年　バンダービルト大学ロースクール卒業（LL.M.）
　　　　Pillsbury Winthrop Shaw Pittman LLP New York Office勤務（～2014年）
2016年　株式会社あおぞら銀行入行（～2019年５月）
＜主要著作＞
『信託と倒産』（共著，商事法務，2008）
『こんなときどうする会社役員の責任』（共著，第一法規，1994〔加除式〕）
『逐条解説　2011年金融商品取引法改正』（共著，商事法務，2011）
『なるほど図解　労働法のしくみ』（共著，中央経済社，2014）

日比　慎（ひび　まこと）

JILA第２部会所属

PwC弁護士法人　弁護士

2005年　弁護士登録

2014年　三菱UFJモルガン・スタンレー証券株式会社入社

2017年　PwC弁護士法人入所

＜主要著作＞

「外貨建て保険提案・販売における説明と留意点」銀行実務2019年３月号

「貯蓄性保険への導入で注目される「共通KPI」を踏まえた顧客説明時のポイント」銀行実務2018年12月号（共著）

「預金担保に関する実務上の留意点」銀行実務2018年11月号

「預金相殺　法務上・実務上の留意点」銀行実務2018年６月号

「預金担保に関する実務上留意のポイント」銀行実務2018年１月号

「シンガポール個人情報保護法の解説」国際商事法務42巻１号

「アジア進出企業を巡る法務課題　シンガポール労働法制の改正による日系企業への影響について」会社法務A2Z 2014年３月号

「シンガポールの最新法改正～会社法，雇用法，個人情報保護法～ 」ビジネス法務2013年12月号

『アジア上場の実務Q&A』（共著，中央経済社，2014）

『事例研究 証券訴訟―不実開示の法的責任』（共著，清文社，2011）

『最新 シンジケート・ローン契約書作成マニュアル〔第２版〕』（共著，中央経済社，2014）

藤沼　陽一（ふじぬま　よういち）

JILA第２部会所属

日本取引所自主規制法人上場管理部　弁護士

2012年　弁護士登録

　　　　企業法務系法律事務所入所

2013年　ノンバンク法務部入社

2016年　株式会社東京証券取引所入社

2019年　日本取引所自主規制法人上場管理部出向

Q&Aでわかる業種別法務
証券・資産運用

2020年1月20日　第1版第1刷発行

監　修　日本組織内弁護士協会
編　者　榊　哲道
発行者　山本　継
発行所　㈱中央経済社
発売元　㈱中央経済グループパブリッシング

〒101-0051　東京都千代田区神田神保町1-31-2
電話 03（3293）3371（編集代表）
03（3293）3381（営業代表）
http://www.chuokeizai.co.jp/
印刷／東光整版印刷㈱
製本／㈲井上製本所

ISBN978-4-502-31121-5　C3332

「Q&Aでわかる業種別法務」シリーズ

日本組織内弁護士協会〔監修〕

インハウスローヤーを中心とした執筆者が，各業種のビジネスに沿った法務のポイントや法規制等について解説するシリーズです。自己研鑽，部署のトレーニング等にぜひお役立てください。

Point

- 実際の法務の現場で問題となるシチュエーションを中心にQ&Aを設定。
- 執筆者が自身の経験等をふまえ，「実務に役立つ」視点を提供。
- 参考文献や関連ウェブサイトを随所で紹介。本書を足がかりに，さらに各分野の理解を深めることができます。

〔シリーズラインナップ〕

銀行	好評発売中
不動産	好評発売中
自治体	好評発売中
医薬品・医療機器	好評発売中
証券・資産運用	好評発売中
製造	続刊
建設	続刊
学校	続刊

中央経済社